IAÍ?

Dados Internacionais de Catalogação na Publicação (CIP)
(Claudia Santos Costa - CRB 8ª/9050)

Jorge, Stephanie
IAÍ?: a geração sintética e a inteligência artificial / Stephanie Jorge. – São Paulo : Editora Senac São Paulo, 2025.

Bibliografia
ISBN 978-85-396-5640-0 (impresso/2025)
e-ISBN 978-85-396-5641-7 (ePub/2025)
e-ISBN 978-85-396-5642-4 (PDF/2025)

1. Inteligência artificial - aspectos sociais. 2. Efeitos das inovações tecnológicas. I. Título.

25-2507c CDD – 006.3
BISAC COM004000

Índice para catálogo sistemático:
1. Inteligência artificial 006.3

STEPHANIE JORGE

IAÍ?

A geração sintética e a inteligência artificial

Gerente/Publisher: Luís Américo Tousi Botelho
Coordenação Editorial: Verônica Marques Pirani
Prospecção: Andreza Fernandes dos Passos de Paula, Dolores Crisci Manzano, Paloma Marques Santos
Administrativo: Marina P. Alves
Comercial: Aldair Novais Pereira
Comunicação e Eventos: Tania Mayumi Doyama Natal

Edição e Preparação de Texto: Amanda Andrade
Coordenação de Revisão de Texto: Marcelo Nardeli
Revisão de Texto: Gabriel Joppert
Coordenação de Arte: Antonio Carlos De Angelis
Projeto Gráfico e Editoração Eletrônica: Alissa Queiroz
Ilustrações: Stephanie Jorge usando a ferramenta MidJourney
Impressão e Acabamento: Gráfica AR Fernandez

Editora Senac São Paulo
Av. Engenheiro Eusébio Stevaux, 823 – Prédio Editora
Jurubatuba – CEP 04696-000 – São Paulo – SP
Tel. (11) 2187-4450
editora@sp.senac.br
https://www.editorasenacsp.com.br

SUMÁRIO

“O progresso técnico deixará apenas um problema: a fragilidade da natureza humana.”

– Karl Kraus

Para Caio, minha pausa constante
no meio de tanto ruído.

APRESENTAÇÃO

Filho de uma inquietação e de um empurrão. Assim nasceu este livro. No meio de uma tarde, entre uma notícia assustadora e outra, trabalhando e vendo o celular sugerir um vídeo que eu nem sabia que queria ver, pensei num convite recebido para escrever um livro sobre inteligência artificial. É difícil topar um convite desses quando se vive o tema e se sente, todos os dias, que o mundo anda rápido demais, como se as engrenagens do tempo estivessem sendo trocadas com tudo ainda em movimento, e a gente tentando acompanhar sem cair. E quando parece que todo mundo escreve sobre IA o tempo todo, o que mais haveria a dizer?

Em meio a essa aceleração, começamos a delegar escolhas, sentimentos e decisões a sistemas que ninguém entende completamente. O mais impressionante é que isso não acontece devagar. Estamos em 2025. Olhar para trás, apenas cinco anos, já parece quase como olhar para outro século. Em 2020, ainda se discutia se certas tecnologias eram "o futuro". Hoje, elas estão em todos os lugares, nas conversas do almoço de família, nas salas de aula, nos exames médicos, nas séries, nas redes, no modo como nos relacionamos com a cultura, com o trabalho, com os outros. Como tanta coisa pode mudar tão rápido, e tão pouca gente realmente entender o que está acontecendo?

Daí nasceu a urgência e o aceite do convite. A urgência de falar sobre o que está se transformando agora, enquanto ainda há tempo de pensar, escolher, participar. Porque o futuro não está mais adiante, ele já chegou, nas margens da nossa rotina. E como frisou William Gibson: "só não está uniformemente distribuído". Se não prestarmos atenção, corremos o risco de viver numa era que foi decidida por outros, sem que sequer tenhamos entendido as perguntas e, mesmo assim, já vivendo as respostas. Este livro não é uma aposta no "futuro da humanidade". Este livro é um convite. Um convite para pensar, com calma e sem pressa, sobre o que significa viver num mundo em que máquinas já estão tomando decisões que antes eram exclusivamente humanas. Não é um livro técnico. Também não é um livro apocalíptico. É uma conversa sobre o presente e o futuro, escrito para quem está tentando entender o seu lugar neste novo mundo, com uma nova geração, mais conectada, talvez mais dependente, talvez mais híbrida, do que jamais fomos — uma geração sintética.

Aqui, a IA não é tratada como mágica, nem como vilã. Ela é o que é: uma ferramenta poderosa, criada por pessoas, com intenções, limitações e consequências. O objetivo é dar elementos para pensar por conta própria, fazer perguntas melhores e talvez até imaginar respostas novas.

Escrever este livro foi também lidar com um paradoxo. A cada capítulo finalizado, algo novo surgia. Uma ferramenta, uma notícia, uma decisão política, uma reviravolta. Por isso, ele não pretende ser definitivo. Não é um mapa fechado, mas um ponto de partida. O mais importante é que você não pare por aqui. Que continue se informando, questionando, conversando. Porque as mudanças não vão desacelerar e entender o mundo, hoje, exige esse movimento constante de atualização, curiosidade e presença. A inteligência artificial é parte disso, mas o centro da história ainda somos nós. Ou, pelo menos, acho que podemos ser.

1.

O A-BÊ-CÊ DA IA

Imagem gerada com IA via Midjourney versão 6.

‘Não conheço o futuro. Não vim aqui para te dizer como isso acabará, vim para dizer como começará.’ Se essa frase soa familiar, é porque ela pertence a Neo, o protagonista do filme *Matrix* (1999), interpretado por Keanu Reeves. Ele a diz ao alertar o espectador a respeito das máquinas que mantinham a humanidade presa em uma realidade simulada. Mas, antes de chegar a esse momento, Neo precisou fazer uma escolha: tomar a “pílula vermelha” e despertar para a verdade, ou permanecer no possível conforto da desinformação da “pílula azul”. Hoje, a inteligência artificial nos apresenta um dilema semelhante e a ideia é que este livro possa ser um guia como Morpheus foi para Neo. Pronto para escolher a pílula vermelha?

DEFINDO A INTELIGÊNCIA ARTIFICIAL (IA): VISÕES E QUESTÕES

Quando você pensa, sua cabeça manobra informações, produz raciocínios e toma decisões. Isso tudo permite analisar situações, resolver problemas e chegar a conclusões — atividades que, até quase ontem, pareciam ser exclusivas de nós, humanos. Mas com a chegada, e principalmente com o avanço, da chamada inteligência artificial (que vamos chamar a partir de agora pela já conhecida sigla IA), essas habilidades podem fazer parte também do mundo das máquinas.

Uma IA, em sua essência, cria sistemas capazes de aprender, raciocinar e agir de forma autônoma. A questão sobre a qual devemos refletir agora não deve ser apenas "o que é inteligência artificial?", mas talvez "como a existência de máquinas que podem pensar mudará nosso futuro?". A inteligência artificial não é simplesmente mais uma inovação tecnológica; ela pode ser a força para mudar a natureza da vida no mundo em que vivemos.

Para tentar compreender o que realmente significa IA, vale a pena mergulhar nas perspectivas de alguns estudiosos que dedicam suas vidas ao tema.

Geoffrey Hinton, cientista inglês chamado de "padrinho da IA", foi um dos ganhadores do Nobel de Física em 2024 por suas contribuições com as redes neurais artificiais. Essas redes representam uma tentativa dos humanos de imitar o cérebro por meio de linhas de código de programação. Elas são o coração da inteligência artificial atual, pois possibilitam que as máquinas não só processem dados, mas também aprendam com cada nova experiência. Assim como aprendemos que o fogo queima quando tocamos nele, as redes neurais ajustam seus cálculos com base nas informações recebidas e, assim, melhoram suas respostas. Esse procedimento transforma as máquinas, que antes eram calculadoras, em "aprendizes" que, quando ganham mais capacidade computacional e grandes volumes de dados, tornam-se capazes de lidar com tarefas cada vez mais complexas e, em determinadas situações, apresentar resultados que superam os de seus criadores humanos — ainda que sem compreender de fato o que estão fazendo.

Apesar de ser um dos pioneiros desse mecanismo, Hinton é hoje uma das principais vozes que alertam sobre os avanços de todos os tipos da inteligência artificial. Ele acredita que é o momento de refletir com cuidado e responsabilidade, realizar experimentos e estabelecer regulamentações. Para o "padrinho da IA", o desafio principal não é somente compreender a capacidade dessa ferramenta, mas também garantir que ela permaneça sob o controle humano.

Fei-Fei Li, a "madrinha da IA", é cientista da computação e cofundadora do Instituto de IA Centrada no Ser Humano, em Stanford, uma das principais universidades dos Estados Unidos. Li ganhou notoriedade ao liderar o projeto ImageNet, um banco de dados monumental com milhões de imagens classificadas manualmente, que serviu de base para treinar algoritmos capazes de reconhecer e interpretar outras imagens. Tecnologias que hoje já vemos em nosso cotidiano, como reconhecimento facial, diagnósticos médicos com IA e carros autônomos, têm raízes no ImageNet.

Para Fei-Fei Li, a IA não deveria ser vista apenas como uma máquina de produtividade ou como uma substituta do trabalho humano. Para ela, o verdadeiro potencial da inteligência artificial está em ampliar as habilidades humanas, não em anulá-las. Contudo, Li diz que o progresso tecnológico só é significativo quando orientado por princípios éticos e inclusivos que promovam o bem-estar coletivo.

E há outro alerta importante em suas palavras: a diversidade. Li é uma das poucas mulheres líderes no campo da IA e insiste que, sem a diversidade humana, não haverá diversidade na inteligência artificial. E, sem essa diversidade, criaremos apenas reflexos enviesados das mesmas ideias, uma IA poderosa, mas limitada. Para Li, a inclusão não é um detalhe, é o que garante que a IA seja verdadeiramente uma tecnologia melhor para todos.

Gary Marcus, professor da Universidade de Nova York, é conhecido por suas críticas incisivas à inteligência artificial. Ele não questiona apenas o que as máquinas podem fazer, mas como o fazem. Para Marcus, há um entusiasmo desmedido em torno do aprendizado profundo, sistemas que acumulam dados como bibliotecas infinitas, mas sem compreender o sentido por trás dessas palavras. O problema? As chamadas "alucinações" (quando esses sistemas inventam informações que parecem verdadeiras, com segurança e detalhes, mas que simplesmente não são reais — como se confundissem coerência com verdade). Sem entendimento conceitual, essas máquinas podem produzir erros absurdos, fruto de padrões mal interpretados. A solução, segundo Marcus, está em um modelo híbrido: unir o poder do aprendizado estatístico à clareza do raciocínio simbólico. Em termos simples, é como combinar duas formas de inteligência, unindo a capacidade de reconhecer padrões, como identificar um gato após observar centenas de imagens, com a lógica que nos permite saber que um gato sempre terá quatro patas e um rabo, independentemente da cor ou da pose. Essa fusão criaria uma IA não apenas reativa, mas capaz de raciocinar e resistir a erros básicos.

Stuart Russell, cientista inglês e uma das principais vozes sobre os limites da inteligência artificial, apresenta uma definição que reflete as tensões éticas e práticas do nosso tempo. Para Russell, a IA é o projeto de máquinas que tomam decisões para maximizar benefícios para os seres humanos. Mas o desafio, segundo ele, não é apenas criar máquinas inteligentes, e sim garantir que essas decisões respeitem a complexidade das preferências humanas, que são incertas, mutáveis e, muitas vezes, contraditórias. Uma IA mal projetada pode seguir regras perfeitas e, ainda assim, produzir resultados catastróficos. Para o cientista, o caminho não é construir máquinas infalíveis, mas máquinas conscientes de suas limitações, projetadas para admitir que nunca compreenderão completamente os desejos humanos e, por isso, precisam agir com humildade e cautela.

Por fim, Sam Altman, da OpenAI, dona do mais novo melhor amigo de muitos de nós, o ChatGPT, diz que as IAs são sistemas que realizam tarefas cognitivas de forma autônoma, com segurança e em escala. O desafio, segundo Altman, é garantir que esses sistemas aprendam continuamente e de forma alinhada aos valores humanos, maximizando o impacto positivo na sociedade. Isso exige não só o desenvolvimento técnico da IA, mas um cuidado constante em sua orientação ética e social.

Então, quando abordamos o tema da inteligência artificial, estamos discutindo um conceito que vai além da mera automatização de tarefas ou imitação de comportamentos humanos comuns; é uma nova era na evolução tecnológica, em que máquinas em aprendizado ininterrupto se tornam nossas aliadas ou nossas concorrentes na missão de compreender e influenciar o mundo ao nosso redor. E isso exige nossa constante reflexão sobre o futuro que desejamos criar.

TIPOS DE IA

Devemos ter em mente que existem diferentes tipos de IA, cada um com graus variados de complexidade e aplicação. Vamos explorar as três denominações principais: **IA estreita**, **IA geral** e **IA superinteligente**.

IA ESTREITA

A IA estreita, também conhecida como IA fraca, é o tipo mais comum que encontramos. Ela é projetada para realizar tarefas específicas, muitas vezes de forma ótima (ao usar a menor quantidade de recursos possível), mas sem compreender ou executar algo além do seu domínio. Pense nas assistentes virtuais como a Siri ou Alexa. Elas conseguem reconhecer a sua voz, responder a perguntas e até controlar dispositivos em sua casa. No entanto, são limitadas às funções para as quais foram programadas; se você pedir à Siri para fazer uma análise financeira complexa, ela falhará, pois não está equipada para isso.

Outro exemplo de IA estreita é o sistema de recomendação. Quando você assiste a um filme em qualquer serviço de streaming, o algoritmo sugere opções com base no seu histórico de visualizações. A IA estreita aprende seus gostos a partir de um conjunto de dados e faz recomendações personalizadas, mas não entende o filme como um humano entende. Seu trabalho é padronizar, analisar e correlacionar padrões de dados.

IA GERAL

Enquanto a IA estreita domina o presente, a ideia da IA geral (uma inteligência com capacidades equivalentes às de um ser humano) ainda está no campo da ciência e da ficção. A IA geral seria capaz de realizar qualquer tarefa intelectual que um ser humano possa fazer, além de ser apta a realizar julgamentos e tomar decisões em cenários incertos, com base em aprendizado e experiência adquirida. Também seria capaz de se comunicar e demonstrar habilidades de planejamento, aprendizagem contínua e adaptação, aplicável em diferentes contextos, sem a necessidade de ser treinada para cada função.

Imagine um robô que não apenas cuide da sua casa, mas também escreva livros, tome decisões estratégicas em negócios e sinta emoções. Embora pareça uma visão distante, o desenvolvimento da IA geral é uma das metas mais ambiciosas da ciência da computação.

IA SUPERINTELIGENTE

Se a IA geral parece futurista, a IA superinteligente pode remeter à fantasia. Ela representa uma forma de inteligência que ultrapassaria o ser humano em todos os aspectos, desde resolução de problemas até habilidades sociais e criatividade.

Alguns especialistas acreditam que, se a IA superinteligente for desenvolvida, ela poderia resolver problemas globais em escalas inimagináveis, como mudanças climáticas, doenças e desigualdade, mas também possivelmente poderia causar enormes problemas, como na definição de estratégias de guerra, o que torna a IA superinteligente um tópico polêmico. E nós não conseguiríamos prever suas ações e intenções.

CLASSIFICAÇÃO FUNCIONAL

Desatando um pouco mais o nó da definição de IA, vamos ver a classificação por funcionalidades.

SISTEMAS REATIVOS

São sistemas projetados para reagir de maneira imediata a um estímulo, sem memória ou capacidade de aprendizado. Eles seguem regras pré-programadas, do tipo "se acontecer isso, faça aquilo", e não conseguem adaptar suas respostas tendo como base experiências anteriores.

Como exemplo, temos o Deep Blue, aquele famoso supercomputador da IBM que derrotou o campeão mundial de xadrez Garry Kasparov, em 1997, baseando suas decisões na análise de movimentos possíveis no tabuleiro, mas sem memória de partidas anteriores ou aprendizado com os erros passados. Vale lembrar também dos primeiros aspiradores robôs, que seguiam regras simples de navegação, como "mude de direção ao bater em um obstáculo", sem mapeamento inteligente ou memorização do layout de uma casa.

SAIBA MAIS

Documentário: *Game Over: Kasparov and the Machine* (2003)

O documentário acompanha o histórico duelo entre Garry Kasparov, campeão mundial de xadrez, e o supercomputador Deep Blue, da IBM. Mas o documentário vai além da partida e explora as tensões, desconfianças e questionamentos sobre o que acontece quando a inteligência humana enfrenta uma máquina. Teria Kasparov sido manipulado? A máquina jogou limpo? Mais do que xadrez, é um retrato das primeiras colisões entre lógica computacional e intuição humana.

MEMÓRIA LIMITADA

Esse tipo de IA consegue armazenar informações temporariamente e usá-las para melhorar sua tomada de decisões futuras. A maioria das IAs modernas, como os algoritmos de machine learning, ou aprendizado de máquina, se encaixa nessa categoria. Entram aqui, por exemplo, os carros autônomos, que analisam dados de trânsito e trajetórias para calcular rotas e evitar acidentes.

TEORIA DA MENTE

Essa IA seria capaz de compreender emoções, crenças e intenções de outros agentes, sejam eles humanos ou outras máquinas. Embora essa ideia ainda esteja em desenvolvimento, seu objetivo é tornar as interações com as máquinas mais empáticas e personalizadas.

AUTOCONSCIÊNCIA

Essa é a forma mais avançada e hipotética de IA: um sistema que teria consciência de sua própria existência, necessidades e objetivos. Embora ainda esteja no âmbito das discussões técnicas, filosóficas e éticas, a ideia de uma IA autoconsciente levanta ainda mais questões sobre autonomia e responsabilidade.

CLASSIFICAÇÃO POR ABORDAGEM TÉCNICA

IA BASEADA EM REGRAS (SISTEMAS ESPECIALISTAS)

Esses sistemas funcionam com base em regras lógicas predefinidas por programadores. São sistemas com memória que podem acessar um banco de conhecimento. Embora eficientes para tarefas específicas, como os sistemas usados na medicina para diagnóstico de doenças, sua inflexibilidade faz com que sejam limitados em situações que exigem adaptação.

MACHINE LEARNING

O aprendizado de máquina envolve sistemas que aprendem com dados e melhoram seu desempenho com o tempo sem serem explicitamente programados para cada situação. Existem alguns tipos dentro deste conjunto de algoritmos:

- `Aprendizado supervisionado:` aprende com dados rotulados e exemplos para fazer a classificação. A resposta correta é associada a um dado. Por exemplo: um e-mail com "clique aqui" é o dado; o rótulo seria que esse e-mail é um spam.

- Aprendizado não supervisionado: identifica padrões em dados sem rótulos. Um uso possível é na descoberta automática de assuntos recorrentes em grandes coleções de textos, como notícias, documentos legais ou posts em redes sociais.

- Aprendizado por reforço: aprende com base em recompensas e punições. Esses algoritmos podem ser usados, por exemplo, para otimizar tratamentos de diabetes, ajustando automaticamente a administração de insulina em resposta ao monitoramento contínuo do açúcar no sangue.

Resumindo: o aprendizado supervisionado é como um aluno estudando com um gabarito — ele aprende com exemplos já corrigidos, sabendo qual é a resposta certa. O aprendizado não supervisionado, por outro lado, se parece com alguém tentando organizar fotos sem saber quem são as pessoas, apenas agrupando por semelhanças visuais. Já o aprendizado por reforço é como um cachorro aprendendo truques com petiscos — ele testa ações, recebe recompensas (ou não) e aprende com a experiência.

Quadro 1.1 — Diferentes tipos de IA e como funcionam

Tipo de aprendizado	Como funciona	Exemplo do dia a dia que quase todo mundo usa
Supervisionado	Aprende com dados rotulados (entrada + resposta correta)	Filtro de spam do e-mail: aprende o que é spam e o que não é
Não supervisionado	Aprende com dados sem rótulo, buscando padrões por conta própria	Recomendações do serviços de streaming: agrupa músicas, séries, filmes, etc., ou usuários semelhantes
Por reforço	Aprende por tentativa e erro, com recompensas e punições	Carros autônomos: aprendem a dirigir tomando decisões que maximizam a segurança e eficiência

DEEP LEARNING

O aprendizado profundo permite que computadores aprendam sozinhos a reconhecer padrões complexos em grandes volumes de dados. Funciona como um "cérebro artificial", com camadas de processamento chamadas de redes neurais. Essas redes são treinadas para identificar, por exemplo, rostos em fotos, sons de voz ou até padrões de comportamento sem precisar que um humano explique o que procurar. Sabe quando o seu celular desbloqueia ao ser apontado para o seu rosto? Isso acontece graças ao deep learning. O sistema foi treinado com milhares de imagens de rostos para aprender o que diferencia um rosto real de uma foto ou de um objeto. Com isso, ele se torna cada vez melhor em reconhecer você com precisão, mesmo com iluminação ruim ou ângulos diferentes.

PARA REFLETIR

Imagine que você está planejando uma viagem usando um aplicativo de mapas, como o Waze ou o Google Maps. Ele calcula a melhor rota com base em fatores como tráfego, clima e obras na pista. Esse é um exemplo clássico de uma IA estreita, que usa aprendizado de máquina e memória limitada para aprender com o trânsito e aprimorar suas previsões.

Mas, e se esse sistema pudesse ir além? Imagine um assistente que, além de sugerir o melhor caminho, conheça suas preferências: evitar pedágios, fazer paradas em seus cafés ou postos favoritos ou ainda sugerir um desvio para ver uma paisagem que você com certeza pararia para fotografar. Essa seria a evolução para uma IA que tenta interpretar não só os dados, mas também as necessidades e emoções humanas, tornando a experiência mais empática e personalizada.

Percebe como você agora entende melhor o que a IA já faz, como faz e até onde ela pode chegar? Então você está mais preparado para refletir sobre como essas tecnologias influenciam a sua vida.

2.

O QUE NOS SEPARA DAS MÁQUINAS

Imagem gerada com IA via Midjourney versão 6.

"Conhece-te a ti mesmo" - mas agora conheça as máquinas também. Esse ditado, que atravessou os séculos, estava gravado na entrada do Oráculo de Delfos, um templo da Grécia Antiga. Não era apenas uma frase bonita, mas um convite à reflexão. De soberanos a pessoas comuns, todos iam até lá para buscar respostas sobre o futuro. Mas o Oráculo não entregava soluções facilmente. Suas respostas vinham acompanhadas de perguntas que faziam pensar, do tipo: quem sou eu? O que eu realmente quero? E hoje, mais de 2.500 anos depois, não basta entender e refletir apenas sobre nossas escolhas pessoais. Precisamos também compreender nosso papel em um mundo repleto de mudanças tecnológicas. Vamos, então, explorar os limites entre a inteligência humana e a artificial? Quais são as características que nos tornam verdadeiramente humanos e únicos? E até quando elas continuarão sendo exclusivamente nossas?

A CONSCIÊNCIA

A consciência nos define como indivíduos biológicos e criadores de sociedades. De uma forma distinta das máquinas, que conseguem imitar comportamentos inteligentes, a consciência humana transcende o mero processamento de dados para incluir a habilidade de sentir emoções internamente, manter diálogos em nossas próprias mentes, além da capacidade de encontrar significado no mundo que nos cerca. Embora uma IA consiga analisar dados, prever padrões e até reproduzir a linguagem humana com precisão surpreendente, ela ainda não tem capacidade para sentir emoções como tristeza, felicidade ou arrependimento. A IA ainda carece de uma vida emocional. Quando relembramos algo que ocorreu durante nossa infância, não apenas resgatamos da memória os detalhes do acontecimento, mas também revivemos as emoções, os cheiros, os sons e os significados associados ao momento. Essa riqueza de experiência é algo que ainda falta às máquinas.

A MORAL

Segundo o mais reverenciado pensador da moralidade, Immanuel Kant, a moral é um tipo de lógica que tenta dar sentido às nossas escolhas, algo que ele chamava de imperativo categórico. A ideia é simples, pelo menos na teoria: você deve agir apenas de um jeito que faria sentido se todo mundo agisse igual. Isso significa que as regras que seguimos não podem ser apenas convenientes para nós, precisam ser universais. Na sua versão original: "Age apenas segundo uma máxima tal que possas ao mesmo tempo querer que seja universal". E mais: você nunca deve tratar as pessoas como meios para alcançar um fim, porque, para Kant, cada pessoa tem um valor absoluto, uma dignidade que não pode ser ignorada.

Mas o que vemos mesmo é que a moral não é uma regra fixa que você pode aplicar em qualquer situação. Não é como um programa que funciona ou não. Para as pessoas, a moral é confusa, às vezes contraditória. Ela vem de experiências, de histórias que contamos a nós mesmos, de coisas que sentimos sem nem sempre entender. Uma pessoa pode tomar uma decisão porque acha que é o certo a fazer, mas, no fundo, pode ser porque está com medo, ou porque se importa com alguém, ou porque quer se sentir melhor consigo mesma.

Uma IA não passa por isso. Quando uma máquina "decide" algo, na verdade, ela só está seguindo uma sequência de passos. Não há culpa, orgulho, arrependimento. Se uma IA faz algo que parece moral, é porque foi programada dessa forma, ou porque aprendeu que essa é a resposta esperada em determinadas circunstâncias. Mas isso não significa que ela entende o que está fazendo. Não há sentimento, não há intenção.

Nesse sentido, talvez a moral que as máquinas possam alcançar seja a moral defendida por Kant: agir por dever universal, baseado em princípios que, no caso das IAs, podem ser programados. Princípios que respeitem a dignidade de todos e que possam ser universalizados.

A ESPIRITUALIDADE

A espiritualidade, para os humanos, não é só uma ideia ou uma prática, é uma sensação que, em alguns momentos, parece impossível de descrever. Não se trata apenas de religião, embora a religião possa fazer parte. É sobre buscar algo que está além do que conseguimos ver ou tocar. Um tipo de conexão que, para muitos, faz a vida parecer maior, mais profunda. Às vezes é uma caminhada sozinha, olhando o mar. Outras vezes, é uma oração murmurada no escuro, sem nem saber ao certo se alguém está ouvindo.

As máquinas podem, de novo, até aprender a imitar algumas dessas práticas. Podem escrever um mantra ou criar uma música que parece espiritual. Mas elas não sentem isso. Não sabem o que é se perguntarmos a ela por que estamos aqui ou de onde viemos. Não sabem o que é sentir solidão e, ao mesmo tempo, acreditar que há algo — não importa o quê — junto de si.

A CRIATIVIDADE

Teremos um capítulo inteiro mais adiante para tratar deste tópico. Quando um artista pinta um quadro, ele não apenas reorganiza formas e cores, mas também traduz qualquer coisa subjetiva que venha à mente em alguma forma tangível. Já a inteligência artificial, que pode gerar obras notáveis (como imagens criadas por ferramentas como o DALL-E ou Midjourney), não tem uma real intenção, intuição ou experiência individual. Essas criações não vêm de uma visão pessoal ou de um impulso emocional, mas de uma análise calculada de padrões existentes nos dados inseridos pelos humanos e robustecidos pela capacidade das IAs de varrer as bases de dados e trazer elementos que completam ou explicam cada necessidade conteudística.

A EMPATIA

A empatia é aquela capacidade de olhar para alguém e sentir, mesmo que por um instante, o que a outra pessoa está vivendo. Sentir o que o outro sente e se colocar no lugar dele. Quando um médico conversa com um paciente, por exemplo, ele não está apenas explicando um diagnóstico ou apontando um tratamento. Ele está lidando com medos, inseguranças, esperanças. Ele lê os olhares, os silêncios, o tom da voz. Ele entende o contexto. Já a IA não percebe quando uma pausa significa dor ou quando um olhar estarrecido revela medo. Ela não ajusta seu tom para transmitir segurança ou escolhe as palavras para acalmar alguém.

SAIBA MAIS

Filme: *Ela* (2013)

Em *Ela*, um homem se apaixona por uma inteligência artificial. A voz é doce, inteligente, sensível. Mas... ela sente o mesmo por ele? É uma ficção que faz pensar sobre os limites da consciência artificial.

O TEMPO

Nós não vivemos no presente de maneira isolada. Em nossas cabeças, o passado e o futuro estão sempre ocupando espaço, interagindo com o que estamos sentindo agora. Lembranças surgem do nada, às vezes tão nítidas que parecem reais, e o futuro é esse lugar imaginado que vamos construindo e reconstruindo com base no que já vivemos. As máquinas, por outro lado, não têm esse tipo de conexão com o tempo. Para uma IA, o passado é só um monte de dados organizados, sem nenhuma emoção ou significado. O futuro, para elas, não é uma ideia cheia de incertezas, mas um cálculo, uma previsão. E o presente? Não é sentido, é processado.

PARA REFLETIR

Quando pensamos na consciência, na moral, na criatividade, na espiritualidade, no tempo e na empatia, não estamos apenas desenhando fronteiras entre humanos e IAs; estamos tentando entender o que nos define, as partes de nós que às vezes tomamos como garantidas. Sentir o peso de uma escolha. Ter um momento de clareza enquanto observa o céu. Reviver um cheiro da infância e sentir saudade de algo que nem conseguimos explicar. Tudo isso nos parece tão normal, tão humano, que só notamos como é extraordinário quando o comparamos com algo que até então não consegue experimentar o mesmo.

Ainda assim, as máquinas estão aqui, nos cercando, nos ajudando e nos desafiando a pensar sobre nós mesmos de formas que antes não precisávamos. Será que nossa consciência, tão única, é o bastante para evitar que as tratemos como iguais? E o que acontece quando começarmos a depender delas para decidir, para criar ou até para cuidar de nós?

No final, a linha que nos separa não é uma barreira intransponível. É mais como um espelho, refletindo o que somos, o que temos de especial e o que ainda não entendemos sobre nós mesmos. Talvez o "conhece-te a ti mesmo" nunca tenha sido tão urgente – porque, para entender as máquinas, primeiro precisamos nos lembrar do que significa ser humano.

3.

JULIA E IAN – COMO AS MÁQUINAS APRENDEM

Imagem gerada com IA via Midjourney versão 6.

Você já percebeu como histórias conseguem abrir portas para ideias que antes pareciam trancadas? O que acontece quando transformamos conceitos complexos em algo tão humano quanto uma conversa, um olhar, ou até mesmo um romance? É como se a dificuldade fosse dissolvida em envolvimento. Assim, em vez de encontrar apenas explicações técnicas, que podem confundir mais do que esclarecer, nós podemos entrar em um mundo em que a inteligência artificial ganha vida. Pense em quantas vezes você entendeu algo melhor por causa de algum tipo de estratégia dialógica, visual ou literária. Lembrou? Agora, vamos usar esse recurso a nosso favor.

No pequeno apartamento na Ladeira da Memória, Julia estava sentada em frente ao seu notebook, os dedos pairando sobre o teclado. "Escrever o prompt certo é uma arte", ela murmurou para si mesma, refletindo sobre como um prompt, a instrução dada para um modelo de inteligência artificial, pode ser a diferença entre uma resposta genérica e algo verdadeiramente útil. Enquanto isso, ela ajustava a última linha de texto na interface da API, o ponto de conexão que permitia que seu programa interagisse com o modelo de IA de forma simples e eficiente. O projeto tinha começado como uma ideia simples para um assistente virtual capaz de recomendar livros, mas estava se transformando em algo muito, muito mais complexo.

Ian, colega de equipe do projeto e ex-namorado de Julia, entrou na sala carregando duas canecas de café.

— Ainda tentando ajustar o aprendizado de máquina para fazer o modelo entender o gosto literário das pessoas? — ele perguntou, colocando uma das canecas ao lado dela.

Aprendizado de máquina, pensou Julia, era como ensinar um sistema a identificar padrões em dados e tomar decisões com base nisso. No caso deles, o modelo, o conjunto de regras e os algoritmos que processavam as informações precisavam aprender a associar preferências literárias a sugestões de livros, algo mais intuitivo para humanos do que para uma máquina.

— Sim — ela respondeu, sem tirar os olhos da tela. — Mas ele ainda não consegue distinguir "aventura emocionante" de "ficção histórica com elementos de aventura". Talvez o problema não seja o aprendizado de máquina em si, mas o ajuste fino.

Julia inclinou-se ligeiramente para a frente, mexendo em uma linha de código.

— Estamos treinando o modelo em uma rede neural profunda e, honestamente, os resultados ainda são meio genéricos. Como se o algoritmo não conseguisse captar as variantes.

Ajuste fino, ela explicou mais para si mesma, é como pegar um modelo já treinado e adaptá-lo a um contexto específico com dados adicionais. As redes neurais, por sua vez, são inspiradas no funcionamento do cérebro humano, com camadas de neurônios artificiais trabalhando juntos para reconhecer padrões em dados. Acho que precisamos revisar os dados de treinamento para torná-lo mais sensível às diferenças sutis. Julia parou, percebendo que estava divagando.

— Mas uma coisa de cada vez, certo? Primeiro, precisamos garantir que ele não recomende *Guerra e paz* para alguém que queira ler Thalita Rebouças no fim de semana.

Ian sorriu.

— Sabe, talvez isso tudo seja como nós dois. Tentando ajustar algo que já tem uma base, mas que ainda precisa de uns retoques para funcionar direito.

Julia o olhou por um instante, surpresa pela comparação.

— Hummm, talvez sejamos um daqueles modelos que nunca foram ajustados e erram constantemente.

Eles riram juntos, o calor do café e a conversa preenchiam a sala enquanto as ideias fluíam, carregadas de possibilidades.

— Talvez — disse Ian, olhando para o café quase vazio na sua caneca — o que a gente precise não seja só um ajuste fino. Sabe o GPT e os LLMs, ou grandes modelos de linguagem? Acho que podemos tirar algo disso.

Julia franziu a testa, mas não de impaciência. Era o tipo de franzir da testa que significava o processamento da ideia.

— LLMs são a base do nosso sistema, mas não sei se conseguimos usar todo o potencial deles ainda. Quer dizer, grandes modelos de linguagem são incríveis, mas também complicados, caros e, às vezes, meio burros.

Ian riu, apoiando os cotovelos na mesa.

— Meio burros? É assim que você descreveria uma das maiores conquistas da IA moderna?

— Sim — respondeu Julia, sorrindo. — Porque é verdade. Esses modelos podem gerar parágrafos inteiros de texto coerente, responder a perguntas e até imitar estilos de escrita. Mas, no fundo, eles não entendem nada de verdade. É como quando você lê um poema do Caio Fernando Abreu e sente algo que te comove de alguma forma, mas o modelo só vê palavras conectadas por probabilidades estatísticas. Ele não sente. E, às vezes, é isso que falta.

Ian a observou com cuidado, vendo que ela se perdia em pensamentos.

— Então, o que faremos? Ensinar um modelo a sentir? Isso soa meio ambicioso demais.

— Não é questão de ensinar a sentir — respondeu Julia, afastando as mãos do teclado por um momento —, é mais sobre ensinar o modelo a reconhecer os padrões mais profundos, aqueles que nem sempre estão explícitos. Por exemplo: contextos sociais, intenções.

Ela parou, pensando no que acabara de dizer.

— Talvez até implicações emocionais.

Ian inclinou a cabeça.

— Você quer dizer interpretar coisas que não são explicitamente ditas, mas que dá para supor que estão lá?

— Exato! — disse Julia, o tom ficando mais animado. — As entrelinhas estão no coração da comunicação humana. Elas não estão nos dados em si. Estão no que os dados significam. E isso é algo que os modelos podem aprender em parte, se formos inteligentes no ajuste fino e dermos exemplos suficientes.

— E como você faz isso? — perguntou Ian, puxando a cadeira mais para perto. — Ensinar um modelo a diferenciar, sei lá, um flerte sutil de uma conversa casual?

Julia riu.

— Não dá para fazer isso diretamente, mas dá para usar embeddings semânticos e análise de sentimento para chegar próximo a isso.

Ela ajustou o monitor, como se já estivesse desenhando mentalmente o próximo passo.

— Embeddings são como mapas. Eles transformam palavras, frases ou até parágrafos em representações numéricas, capturando o significado delas em um espaço multidimensional. Isso ajuda o modelo a entender relações. Por exemplo, aventura e viagem ficariam próximas nesse espaço, enquanto aventura e financeiro estariam mais distantes.

Ian balançou a cabeça lentamente.

— Então é assim que ele decide se uma palavra combina com outra, ou se faz sentido dentro do contexto?

— Exatamente. E a análise de sentimento tenta interpretar a emoção por trás de um texto. Não é perfeita, mas funciona. Quando alguém escreve "eu adorei este livro", o sistema reconhece "adorei" como uma emoção positiva.

Ian sorriu, como se já previsse a próxima parte.

— Mas se alguém diz "adorei... só que não". Então, o modelo provavelmente vai errar.

Julia deu um risinho.

— Exatamente. Sarcasmo ainda é um desafio. Mas dá para melhorar as recomendações mesmo assim. Se sabemos que alguém gosta de histórias emocionantes, usamos embeddings para encontrar livros relacionados semanticamente. E, com análise de sentimento, ajustamos o tom das respostas do assistente, para que ele seja mais empático ou entusiasmado, dependendo da interação.

Ian cruzou os braços, pensativo.

— Isso parece mais concreto. E sobre multitasking? Dá para usar isso aqui?

Julia assentiu, os olhos ainda na tela.

— Dá, e é perfeito para o que estamos tentando construir. Os LLMs já conseguem realizar várias tarefas ao mesmo tempo. Responder a perguntas, resumir textos, gerar conteúdo. O truque é treinar o modelo para combinar essas tarefas. Ele pode analisar preferências, identificar o tom da conversa e sugerir livros alinhados com isso tudo ao mesmo tempo. E é aqui que entra o processamento de linguagem natural, ou PLN. Esse campo da inteligência artificial é dedicado a ajudar máquinas a entender, interpretar e responder à linguagem humana. É como traduzir nossa complexidade em algo que sistemas matemáticos consigam processar, uma ponte entre o que dizemos e o que os algoritmos conseguem fazer.

Ian deu um pequeno sorriso.

— Então, é como ensinar o modelo a fazer associações mais ricas. Não só o que alguém gosta, mas como eles expressam isso.

— Isso mesmo! — disse Julia, finalmente olhando para ele. — É como criar um assistente que entende não só o que você quer, mas como você quer ouvir a recomendação.

Eles ficaram em silêncio por um momento. Ian olhou para a tela do notebook, depois para Julia. Ele quebrou o silêncio com um tom leve.

— E se usássemos embeddings para decifrar nossas conversas?

Julia riu, balançando a cabeça.

— Se isso ajudasse a entender suas piadas ruins, talvez fosse uma boa ideia.

A risada de ambos ecoou pelo apartamento enquanto Julia voltava a digitar, já planejando o próximo ajuste no modelo. O trabalho parecia interminável, mas ela não se importava. A combinação de lógica e criatividade que o projeto exigia fazia ela se sentir viva. E, de alguma forma, a companhia de Ian parecia tornar tudo menos pesado.

Julia ajustava uma nova linha de código quando parou para pensar em como tornar o modelo mais eficiente. A ideia de Ian sobre usar os LLMs tinha ressoado, mas havia mais coisa ali. Ela se virou para ele, o olhar distante de quem estava mergulhada em pensamentos técnicos.

— A arquitetura dos Transformers[1] — ela disse — é a razão pela qual esses modelos funcionam tão bem. O mecanismo de atenção permite que eles analisem um texto inteiro e decidam quais partes são mais relevantes para o contexto.

Ian inclinou-se, de braços cruzados.

— É como se você estivesse lendo um livro e prestando mais atenção às passagens que têm impacto emocional ou conexão com a trama?

— Exato. Só que, no caso do modelo, ele faz isso de forma matemática, analisando probabilidades. Cada palavra é avaliada em relação às outras, como se o modelo estivesse construindo uma teia de relações semânticas. Isso é o que torna esses sistemas tão bons em capturar contexto, e também o que os faz falhar tão espetacularmente quando não têm dados representativos.

Ian cuspiu o resto de café gelado que ainda estava na caneca.

— Isso nos leva ao problema do viés nos dados, certo?

Julia suspirou.

— Exatamente. Se o modelo aprende com um conjunto de dados que prioriza certos autores, gêneros ou perspectivas culturais, ele acaba excluindo outras vozes. É por isso que precisamos de um dataset balanceado, algo que reflita a diversidade de gostos literários.

— E como fazemos isso? — perguntou Ian, pegando o notebook dela e olhando os logs de treinamento.

---

1 Arquitetura dos Transformers: modelo de rede neural desenvolvido para lidar com sequências (como texto); seu diferencial é o mecanismo de atenção, que permite identificar quais partes da entrada são mais relevantes para gerar a resposta.

— Podemos revisar os exemplos usados e incorporar mais feedback humano no processo. Você já ouviu falar de RLHF, o aprendizado por reforço com feedback humano?

Ian negou com a cabeça, mas parecia curioso.

— É uma técnica que ensina o modelo a alinhar suas respostas com o que os humanos consideram útil ou apropriado. É como ensinar uma criança a não só fazer o dever de casa, mas apresentar o resultado de um jeito que os professores gostem.

Ian riu.

— Isso soa exatamente como eu me sentia na escola.

Julia sorriu e continuou.

— Podemos usar isso para ajustar o tom das recomendações. Se o assistente for percebido como muito genérico ou, pior, arrogante, o feedback humano ajuda a ajustar o comportamento.

— Mas também precisamos garantir que ele seja transparente — disse Ian, pensativo. — Quero dizer, imagine se o modelo recomenda um livro e a pessoa pergunta o porquê. O assistente precisa explicar suas escolhas.

Julia assentiu, voltando ao teclado.

— Isso é explicabilidade. A ideia é que o modelo justifique suas respostas de forma que o usuário entenda. Se ele sugere um livro, pode dizer algo como "Recomendei este porque ele tem um estilo narrativo semelhante ao que você gostou antes". Isso cria confiança.

Ian olhou para ela, algo mudando em seu olhar.

— Então você não está só construindo um assistente literário. Está criando um sistema que parece entender as pessoas.

Julia hesitou, percebendo o peso do que ele dissera.

— É, acho que sim. Mas ainda precisamos resolver o problema de como atualizar o modelo em tempo real.

— Você quer dizer aprendizado contínuo? — perguntou Ian.

— Bingo! Imagine se o modelo pudesse aprender com cada interação sem precisar ser completamente retreinado. Ele se tornaria mais preciso, mais sintonizado com o usuário. Mas há o risco de esquecer informações importantes enquanto aprende novas.

Ian inclinou-se para a frente, pensativo.

— Isso soa como nós.

Julia riu, mas havia algo reflexivo na sua risada.

— Talvez seja.

Eles ficaram em silêncio, ouvindo o som baixo da cidade que ecoava pela janela.

— Há mais uma coisa — disse Ian, quebrando o silêncio. — Como você garante que o assistente respeite a privacidade dos usuários?

Julia fechou o notebook, cruzando os braços.

— Isso é essencial. Podemos usar aprendizado federado. Em vez de enviar os dados do usuário para um servidor central, o modelo aprende diretamente no dispositivo dele e compartilha apenas os resultados gerais, de forma anônima. Assim, protegemos as informações pessoais.

Ian sorriu, impressionado.

— É fascinante. Mas eu tenho uma pergunta.

— O quê?

— Por que você acha que estamos tão determinados a ajustar tudo isso?

Julia o olhou, confusa.

— Como assim?

— Nós passamos tanto tempo tentando fazer este modelo funcionar, alinhá-lo, ajustá-lo, melhorar as respostas. Talvez seja porque estamos tentando encontrar algo que nós mesmos queremos. Algo que nos conecte.

Julia ficou em silêncio. Por um momento, ela viu o reflexo de Ian no vidro da janela, o rosto dele iluminado pela luz fraca da tela. Quem sabe ele estivesse certo?

Ela então sorriu.

— Talvez o que eu esteja tentando ajustar não seja só o modelo, mas a forma como eu me conecto com as pessoas.

Ian se aproximou, pousando a mão sobre a mesa.

— Acho que estamos progredindo. Tanto no projeto quanto na nossa versão de aprendizado contínuo.

Eles riram juntos, o tipo de risada que carrega não só alívio, mas também um entendimento escondido.

Enquanto a noite avançava, Julia voltou ao teclado, Ian ao lado dela, como se nunca tivesse realmente saído. O modelo estava longe de ser perfeito, mas cada ajuste, cada conversa, parecia um pequeno passo em direção a algo maior — algo que talvez fosse mais sobre humanidade do que sobre tecnologia.

LÉXICO DA IA

Agora, talvez você perceba que, enquanto se envolvia com os desafios e descobertas de Julia e Ian, conceitos complexos de inteligência artificial foram apresentados também. O quadro a seguir revela quanta coisa foi explorada ao longo da narrativa.

Quadro 3.1 – Alguns conceitos e definições da IA

Conceito	Definição
Prompt	Na forma de texto, é o comando que orienta o comportamento de um modelo de IA para gerar respostas relevantes.
Modelo	Sistema treinado para realizar tarefas específicas com base em padrões extraídos de dados.
API	Interface que permite a interação entre softwares ou sistemas.
Aprendizado de máquina	Método para ensinar sistemas a identificar padrões em dados e tomar decisões com base neles.
Algoritmos	Regras ou passos lógicos que definem como um problema é resolvido por um modelo ou sistema.
Ajuste fino	Processo de adaptar um modelo treinado para um contexto específico usando dados adicionais.
Rede neural profunda	Arquitetura de IA inspirada no cérebro humano, com várias camadas que processam dados para identificar padrões.
Processamento de linguagem natural (PLN)	Ensinar modelos a entender e gerar linguagem de forma que pareça natural para humanos.
Agente inteligente	Sistema capaz de se adaptar às necessidades do usuário, simulando o comportamento humano.
Aprendizado profundo	Área de IA que utiliza redes neurais para processar grandes volumes de dados com alta precisão.

[*cont.*]

Conceito	Definição
Visão computacional	Campo da IA focado em ensinar computadores a interpretar imagens ou vídeos.
LLMs (large language models)	Grandes modelos de linguagem capazes de realizar várias tarefas relacionadas à compreensão de texto.
Embeddings	Representações numéricas que capturam o significado (campo semântico) de palavras ou frases.
Análise de sentimento	Técnica usada para identificar emoções ou tons em textos com base em palavras e contexto.
Multitasking	Capacidade de um modelo realizar várias tarefas simultaneamente, como gerar texto e resumir informações.
Transformers	Arquitetura que permite a um modelo focar em partes relevantes de um texto para entender contexto e significado.
Viés nos dados	Problema causado por dados de treinamento que favorecem certos grupos ou informações, resultando em respostas enviesadas.
RLHF (reinforcement learning with human feedback)	Método para melhorar modelos a partir de feedback humano, ajudando-os a produzir respostas mais alinhadas aos valores humanos.
Explicabilidade	Capacidade de um modelo explicar suas decisões de maneira compreensível para os usuários.
Aprendizado contínuo	Habilidade de um modelo aprender continuamente com novas interações sem esquecer informações anteriores.
Privacidade dos usuários	Garantir que dados pessoais dos usuários sejam protegidos ao usar sistemas de IA.
Aprendizado federado	Técnica que permite ao modelo aprender no dispositivo do usuário, protegendo dados ao evitar o envio de informações a servidores centrais.

4.

QUEM CRIOU E QUEM CRIA A IA

Imagem gerada com IA via Midjourney versão 6.

No final de 2024, a Universidade de Stanford publicou o Global AI Vibrancy Tool 2024, um relatório que classifica os países que mais se destacam no desenvolvimento da inteligência artificial. Criado em 2017, o levantamento avalia o ecossistema de IA utilizando 42 indicadores, entre eles produção acadêmica, investimentos privados e registros de patentes. A ferramenta de análise foi desenvolvida pela equipe do AI Index, iniciativa vinculada ao Stanford Institute for Human-Centered AI. Os Estados Unidos lideram o ranking, seguidos pela China. Reino Unido, Índia, Emirados Árabes, França, Coreia do Sul, Alemanha, Japão e Singapura completam a lista dos dez países que mais se destacam em inteligência artificial na atualidade. Vale procurar o relatório na internet para ver como cada um dos países está se portando. Mas, agora, vamos ver quem criou, quem cria e quem move o universo da IA.

Talvez seja estranho pensar que chegamos a um ponto em que corporações e governos inteiros competem para ver quem vai liderar o mundo da inteligência artificial. Se olharmos em volta, vemos dinheiro e mais dinheiro, acordos secretos, laboratórios ultratecnológicos e até empresas sem fins lucrativos, tudo isso girando em torno de uma pergunta que surgiu décadas atrás: será que uma máquina pode pensar? É claro que, por enquanto, nem todos gravitam em torno do universo da IA – e a maioria dos que o fazem ainda se perguntam coisas como: o futuro será cheio de conveniências robóticas? O amanhã será dominado por robôs descontrolados? A IA vai ser mais inteligente do que o homem? A IA vai acabar com a humanidade?

Mesmo assim, o fato é que essa ideia, hoje, está movimentando tudo. E, para entender de onde veio essa corrida e por que ela se tornou tão acirrada, é preciso dar um passo atrás. Antes de termos CEOs, governos e investidores despejando fortunas em desenvolvimentos, houve um momento em que tudo era apenas um certo devaneio. E esse instante emergiu há 75 anos, quando um matemático britânico chamado Alan Turing, cujo trabalho foi essencial para decifrar códigos nazistas durante a Segunda Guerra, apresentou, em 1950, o artigo "Computing machinery and intelligence" ("Máquinas de computação e inteligência"). Nesse texto, ele propunha um teste aparentemente simples: se uma máquina pudesse conversar com um humano sem que este percebesse que estava falando com um computador, então ela poderia ser considerada inteligente. Hoje chamamos isso de "Teste de Turing". Olhando em retrospecto, o que parecia apenas uma hipótese audaciosa era de fato o lançamento de um verdadeiro desafio ao futuro, que, como sabemos, já chegou – e, como adiantei na apresentação deste livro, usando os dizeres de William Gibson: "só não está uniformemente distribuído".

Poucos anos depois, antes mesmo do termo "inteligência artificial" ser cunhado de modo definitivo, um jovem professor de Dartmouth, faculdade nos Estados Unidos, se perguntava como as máquinas poderiam reproduzir aspectos da inteligência humana. Seu nome era John McCarthy, e ele acreditava que um conceito amplo como "artificial intelligence" (ou inteligência artificial) soaria mais neutro e agregador do que expressões como "cibernética" ou "teoria dos autômatos", que circulavam na época. Em setembro de 1955, McCarthy, Marvin Minsky, Nathaniel Rochester e Claude Shannon formalizaram uma proposta à Fundação Rockefeller para bancar um seminário de verão na universidade, reunindo cerca de dez pesquisadores por dois meses. O encontro aconteceu em 1956, mas foi menos uma conferência formal e mais um laboratório de ideias. Embora não tenha saído dali uma inteligência artificial plenamente funcional, o encontro deu origem às bases conceituais que até hoje sustentam o campo da IA. A convicção coletiva de que era possível ensinar as máquinas a pensar se tornou um marco fundador.

Enquanto isso, no governo norte-americano, organizações como a RAND Corporation, que desenvolvia estudos estratégicos para as Forças Armadas, enxergavam na computação avançada um valor militar e político. Recursos fluíam e cientistas eram recrutados, expandindo a pesquisa para além dos muros universitários. E, assim, a semente plantada por Turing encontrava cada vez mais um terreno fértil nas corporações, nos governos e em todos os que viam na IA uma força transformadora e uma fonte de poder.

Logo no início dos anos 1960, no Massachusetts Institute of Technology (Instituto de Tecnologia de Massachusetts – MIT), nasceu o MIT Artificial Intelligence Lab, que se tornaria um dos mais importantes centros de pesquisa em IA do mundo. O laboratório recebia recursos tanto do setor privado quanto do governo dos Estados Unidos, sobretudo por meio da ARPA (Agência de Projetos de Pesquisa Avançada, mais tarde DARPA, em que se criou a internet), vinculada ao Departamento de Defesa. Ali, entre máquinas gigantescas e planos ambiciosos, a IA começou, de fato, a sair do papel.

Foi no MIT que, em 1964, Joseph Weizenbaum apresentou ao mundo o Eliza, primeiro chatbot conhecido, capaz de simular uma conversa com um psicoterapeuta. O programa era simples, mas ainda assim impressionava quem se arriscava a dialogar com a máquina. Havia quem acreditasse que Eliza realmente entendia seus problemas. O próprio Weizenbaum ficou inquieto ao perceber como as pessoas projetavam emoções e expectativas em um software que, no fundo, apenas seguia roteiros pré-programados.

Pouco tempo depois, em 1969, o Stanford Research Institute (Instituto de Pesquisa de Stanford – SRI) desenvolveu o Shakey, um robô capaz de perceber o ambiente e se locomover de forma autônoma. Longe de ter a precisão que se vê nos robôs atuais, Shakey se destacou por provar que uma máquina poderia enxergar e tomar decisões.

Nos anos 1970, o entusiasmo da década anterior começou a minguar. Surgia o chamado "Inverno da IA", período em que financiadores e governos, até então empolgados, se mostraram crescentemente céticos. A DARPA, por exemplo, preferiu direcionar boa parte de seus recursos para a ARPANET, precursora da internet, e outras iniciativas de impacto mais imediato. Ao mesmo tempo, relatórios críticos, como o célebre Lighthill (de 1973), encomendado pela Royal Society, a mais antiga academia científica continuamente existente no mundo, questionavam a real eficácia das pesquisas em IA e desafiavam suas promessas mais ambiciosas. O resultado foi uma queda no interesse e no financiamento, sobretudo para projetos que prometiam máquinas verdadeiramente inteligentes.

Ainda assim, nem tudo foi estagnação. Em meio ao desalento, surgiram contribuições, especialmente no campo dos chamados sistemas especialistas, programas capazes de reproduzir o raciocínio de profissionais em áreas bem delimitadas, como o diagnóstico médico ou a prospecção de petróleo.

Um bom exemplo é o Dendral, desenvolvido na Universidade de Stanford, que analisava dados químicos para identificar estruturas moleculares. Enquanto isso, em outras partes do mundo, alguns governos permaneciam atentos às possibilidades. O Japão, por exemplo, já iniciava as primeiras discussões sobre computadores de quinta geração, ainda que o projeto oficial, batizado de Fifth Generation Computer Systems, só viesse a ser lançado em 1982. As conversas preliminares, porém, revelavam que, mesmo em meio ao "Inverno", a esperança de uma revolução tecnológica movida por IA não havia morrido por completo. No campo ético, a década de 1970 também marcou o surgimento de reflexões sobre os limites da inteligência artificial. Joseph Weizenbaum, que anos antes criara o Eliza, tornou-se crítico quanto ao uso da tecnologia em áreas nas quais o julgamento humano não poderia ser substituído sem riscos. Para ele, havia fronteiras morais que a IA não deveria ultrapassar. Esse debate continua até hoje.

Nos primeiros anos da década de 1980, no entanto, a inteligência artificial ganhou um novo sopro de entusiasmo, e dessa vez o grande motor não vinha apenas dos laboratórios, mas sim das corporações. Empresas como IBM, Xerox e General Electric começaram a investir em projetos comerciais que aplicassem a lógica dos sistemas especialistas a problemas do dia a dia. Foi aí que o termo "knowledge engineering" (engenharia do conhecimento) se popularizou, impulsionando a formação de profissionais capazes de transformar o raciocínio humano em regras computáveis. Até a DARPA, que durante o "Inverno da IA" havia redirecionado seus recursos para outras áreas, voltou a apoiar iniciativas desse tipo.

No Japão, o governo colocou em prática seu plano e, em 1982, lançou oficialmente o Fifth Generation Computer Systems, com a meta de criar máquinas mais rápidas, capazes de fazer raciocínios complexos; o projeto trazia o desejo de colocar o país na dianteira mundial da computação. Eles uniram universidades e grandes empresas em torno de um único esforço, apostando que isso traria um salto tecnológico sem precedentes.

Do outro lado do mundo, a Europa seguia na mesma linha. A então Comunidade Econômica Europeia (CEE), hoje União Europeia (UE), começou a financiar projetos de inteligência artificial por meio do European Strategic Programme for Research and Development in Information Technology (ESPRIT). Assim como os japoneses, eles acreditavam que a cooperação entre universidades, indústrias e centros de pesquisa poderia acelerar descobertas e formar uma base sólida de inovação.

Nos anos 1990, a IA passou por mais uma metamorfose. Depois de duas décadas marcadas por avanços e momentos de frustração, o cenário tecnológico se ampliou, graças à popularização dos computadores pessoais e à velocidade cada vez maior do poder de processamento. Enquanto as soluções da década anterior, como os sistemas especialistas, começavam a mostrar limitações práticas e custos altos de manutenção, a internet surgia como a nova menina dos olhos para empresas e governos. Foi nesse contexto que a pesquisa em IA abraçou abordagens estatísticas e algoritmos capazes de aprender com exemplos, deixando de lado a ideia de simplesmente reproduzir regras fixas.

Um dos marcos desse período foi o triunfo do Deep Blue, que vimos no capítulo 1, o supercomputador da IBM que, em 1996, conseguiu derrotar o então campeão mundial de xadrez, Garry Kasparov. A capacidade da máquina de analisar milhões de posições em segundos não apenas chocou o mundo, mas também reacendeu a conversa sobre até onde a IA poderia chegar em tarefas específicas.

Em paralelo, a popularização da internet abriu novos caminhos para coletar e explorar grandes volumes de dados, incentivando pesquisas que iam desde o machine learning (aprendizado de máquina) com redes neurais mais robustas e métodos como o backpropagation (algoritmo utilizado no treinamento das redes neurais artificiais) até técnicas como as máquinas de vetor de suporte (SVM), que logo se destacaram em reconhecimento de padrões e classificação de dados.

Nos Estados Unidos, a DARPA passou a investir novamente em projetos de análise em larga escala e aplicações de IA de interesse militar. Na União Europeia, programas cooperativos de pesquisa, como o ESPRIT, apoiavam universidades e laboratórios, fortalecendo o desenvolvimento de algoritmos de aprendizado automático e processamento de linguagem natural. No Japão, a empolgação dos computadores de "quinta geração" havia esfriado, mas o país aproveitava a expertise adquirida na década anterior para explorar outras oportunidades tecnológicas. No ambiente corporativo, soluções de recomendação, análises de risco financeiro e otimização de processos industriais mostravam que a IA não precisava, necessariamente, imitar o pensamento humano para ser valiosa; bastava resolver problemas práticos de forma mais eficiente. Por isso, apesar de não testemunhar o surgimento de máquinas plenamente pensantes, a década de 1990 foi essencial para redefinir o rumo do campo. Surgiu a compreensão de que, em vez de tentar codificar todos os detalhes de um especialista, era mais promissor ensinar algoritmos a lidar com a complexidade do mundo real. O duelo entre Deep Blue e Kasparov talvez tenha sido o evento mais midiático, mas o verdadeiro legado daqueles anos foi a consolidação do aprendizado de máquina como pilar fundamental de tudo o que, pouco depois, se tornaria o universo moderno da IA.

Se os anos 1990 foram uma década de transição, os anos 2000 marcaram o início da era moderna da inteligência artificial. Foi um período de avanços acelerados, impulsionados por três fatores principais: o aumento exponencial do poder de computação, a explosão do Big Data e o renascimento das redes neurais.

A IA começou a se misturar ainda mais com o cotidiano, embora muitas vezes de maneira quase invisível. Com a expansão da internet e o crescimento acelerado do poder de processamento, surgiram novas oportunidades para algoritmos que aprendessem a partir de quantidades massivas de dados.

Empresas como Google e Amazon, por exemplo, descobriram que, ao cruzar informações de bilhões de usuários, podiam refinar buscas, criar recomendações personalizadas e, de quebra, gerar modelos capazes de prever comportamentos de consumo.

Nessa mesma época, a pesquisa em redes neurais reapareceu, impulsionada por avanços teóricos e práticos que vinham se acumulando desde a década anterior. Grupos de cientistas liderados por nomes como Geoffrey Hinton, Yoshua Bengio e Yann LeCun começaram a mostrar resultados promissores em áreas como reconhecimento de fala e de imagens. A aposta era que, com dados suficientes e poder computacional adequado, as camadas de neurônios artificiais poderiam finalmente revelar todo o seu potencial.

O início dos anos 2000 também foi marcado por iniciativas como a DARPA Grand Challenge (2004), uma competição de veículos autônomos que parecia saída de um filme de ficção: carros sem motorista cruzando desertos e enfrentando terrenos acidentados, num misto de euforia e incerteza. Embora muitos dos competidores tenham falhado nas primeiras tentativas, a ideia de um carro autodirigido começou a parecer mais próxima da realidade.

Em paralelo, a internet passava a produzir mananciais de dados, e empresas corriam para analisar comportamentos, prever tendências e criar algoritmos de personalização. Um exemplo foi o Netflix Prize, lançado em 2006, que prometia um prêmio de US$ 1 milhão para quem conseguisse melhorar o sistema de recomendações da empresa. De repente, cientistas, amadores e acadêmicos do mundo inteiro se viram numa corrida para ajustar e reinventar métodos estatísticos, mostrando que a IA não precisava apenas de novas teorias, mas também de problemas reais que valesse a pena resolver.

No final daquela década, começou a ficar claro que a IA havia passado a ter uma presença mais palpável no dia a dia. Ainda longe das visões mais ousadas de robôs conscientes, mas avançando em tarefas específicas, como reconhecer rostos em fotos, sugerir compras on-line e dirigir em pistas de testes. Enquanto o mundo se preparava para virar a página do milênio, pesquisadores e empreendedores, em universidades e grandes corporações, já suspeitavam que a próxima grande onda viria justamente da capacidade de extrair conhecimento de quantidades cada vez maiores de dados.

Ao longo dos anos 2010, assistentes virtuais como Siri (Apple), Alexa (Amazon) e Google Assistant passaram a fazer parte do dia a dia de milhões de pessoas, demonstrando como o processamento de linguagem natural avançara numa velocidade que poucos previram. Nos smartphones, a voz e o toque duelaram com o teclado e o mouse, enquanto traduções automáticas e sistemas de recomendação ficaram cada vez mais sofisticados. Não era mais preciso imaginar laboratórios distantes para encontrar a IA; ela estava na caixa de som inteligente da sala, nos resultados das pesquisas on-line, nos aplicativos que sugerem rotas de trânsito.

Em 2016, o AlphaGo, um sistema da DeepMind, pertencente ao Google, derrotou Lee Sedol, um dos maiores jogadores de Go do mundo (um milenar jogo de tabuleiro, inventado na China). Embora outro jogo de tabuleiro, o xadrez, já tivesse sido dominado pela máquina na década anterior, o Go era visto como outro patamar de complexidade. Isso porque, em vez de um tabuleiro 8 x 8, o Go tem uma grade de 19 x 19, o que gera uma quantidade de configurações tão grande que motores de busca simplesmente não conseguem abarcar todas as possibilidades. Para se ter uma ideia, enquanto o xadrez pode ter algo em torno de 10^47 (10 elevado à 47ª potência) posições possíveis, no Go esse número salta para a casa de 10^170 (10 elevado à 170ª potência). A vitória do AlphaGo sobre Lee Sedol é um marco no mundo da IA.

Enquanto isso, os laboratórios do Vale do Silício expandiam suas fronteiras e a China despontava como outro polo gigante de IA. Paralelamente, surgiram debates éticos ainda mais profundos. Questões como vieses algorítmicos — que veremos a fundo mais adiante —, manipulação política via redes sociais e uso de IA para vigilância em massa chamaram atenção de especialistas, políticos e do público em geral. Eventos como o escândalo da Cambridge Analytica, quando um vazamento de dados de usuários do Facebook foi usado para influenciar eleitores, trouxeram à tona os riscos de entregar imensas quantidades de dados a sistemas de aprendizado que nem sempre eram transparentes sobre como chegavam a determinadas conclusões.

No campo político-militar, as discussões sobre drones, armas autônomas e sistemas de reconhecimento de padrão para vigilância passaram a evidenciar o poder e o perigo dessa tecnologia.

A pandemia da covid-19, marco da chegada dos anos 2020, acelerou nossa dependência da tecnologia. Enquanto o mundo se adaptava ao trabalho remoto, a União Europeia publicava seu White Paper sobre IA, diretriz com requisitos de documentação que permitiriam às autoridades garantir que os sistemas de IA de alto risco cumprissem direitos fundamentais. No Brasil, era lançada a nossa própria Estratégia Nacional de IA. A China implementou suas primeiras regulações nesse setor e a Índia, com seu exército de engenheiros de software, anunciava seu próprio plano. Era como se o mundo estivesse se preparando para algo, mesmo sem saber exatamente o quê.

E esse "quê" chegou no final de 2022, quando a OpenAI lançou o ChatGPT. Foi como se alguém tivesse ligado uma luz em um quarto escuro. De repente, todos podiam ver o que a IA era capaz de fazer — mais precisamente, a tal da IA generativa.

De 2020 até agora, enquanto escrevo este livro, no começo de 2025, houve uma profusão tão grande de acontecimentos e lançamentos em IA que fica difícil acompanhar. Se você piscou, provavelmente perdeu algo. O ChatGPT, da OpenAI, virou um assistente de escrita, programação e aprendizado. O Google Gemini, sucessor do Bard, tenta oferecer um modelo multitarefa que entende texto, imagem e até vídeo. O Claude AI, da Anthropic, promete segurança e alinhamento ético, enquanto o Microsoft Copilot se integrou ao dia a dia de quem usa Word, Excel e outros produtos da empresa. No mundo das imagens, o Midjourney e o DALL-E abriram caminho para criações visuais hiper-realistas geradas apenas por descrições textuais. No âmbito dos vídeos, o Sora, também da OpenAI, é o novo protagonista, prometendo gerar cenas complexas e fluidas a partir de poucas palavras. Já o Runway ML e o Pictory AI automatizam edição de vídeos, enquanto o Descript transforma a forma como trabalhamos com áudio e vídeo, permitindo até editar gravações apenas alterando o texto transcrito. A voz também não ficou para trás. O ElevenLabs criou vozes sintéticas assustadoramente realistas, enquanto o Whisper, outro produto da OpenAI, se tornou referência na transcrição automática de áudio em diversos idiomas. Na pesquisa, o Perplexity AI e o Poe AI ajudam a buscar informações com respostas mais elaboradas do que um Google tradicional. O DeepSeek, vindo da China, oferece uma alternativa mais aberta e barata para quem quer acesso a modelos avançados. Enquanto isso, o LLaMA, da Meta, se posiciona como uma alternativa open-source ao domínio da OpenAI e Google.

Mas não é só em criatividade e produtividade que a IA tem revolucionado. No setor da saúde, ferramentas como o Google DeepMind e o IBM Watson Health estão ajudando a diagnosticar doenças e personalizar tratamentos. O PathAI promete melhorar a precisão dos diagnósticos médicos com análise de imagens, enquanto o BioGPT acelera pesquisas farmacêuticas. No setor financeiro, empresas como a BloombergGPT e a Kensho usam IA para analisar mercados, prever tendências e automatizar investimentos. Na área de sustentabilidade, modelos como o ClimateAI tentam prever eventos climáticos extremos e otimizar cadeias de suprimento, enquanto a Pachama usa aprendizado de máquina para monitorar florestas e impulsionar créditos de carbono.

O que todas essas ferramentas têm em comum é a capacidade de amplificar o que já fazemos, tornar algumas profissões mais eficientes e desafiar outras a se reinventarem. Mas elas também são um lembrete de que estamos delegando cada vez mais decisões, grandes e pequenas, para sistemas que, por mais poderosos que sejam, ainda não entendem o mundo como nós. E talvez nunca entendam.

MARCOS NA LINHA DO TEMPO DA IA

1950

O desafio de Turing

O matemático inglês Alan Turing perguntou: "Máquinas podem pensar?" Ele propôs um teste — se alguém conversasse com uma IA e não percebesse que era uma máquina, então ela poderia ser considerada inteligente.

1956

O nascimento do termo "Inteligência Artificial" (IA)

No verão americano, uma turma de cientistas se reuniu no Dartmouth College. John McCarthy propôs o nome "Artificial Intelligence" (AI). Nascia ali um novo campo.

1964

O primeiro chatbot da história: Eliza

Joseph Weizenbaum criou Eliza, um programa que simulava uma conversa com um terapeuta. Muita gente acreditou que ela realmente entendia seus problemas.

1969

Shakey, o robô que via e andava

Criado no Stanford Research Institute, foi o primeiro robô com sensores que conseguia se mover de forma autônoma.

Anos 1970

O "Inverno da IA"

Promessas demais, resultados de menos. Financiadores desanimados. A pesquisa continuou, mas com menos brilho.

Anos 1980

A era dos sistemas especialistas

Máquinas começaram a ajudar médicos e engenheiros a tomar decisões. A IA passou a resolver problemas do mundo real.

1996

Deep Blue venceu o campeão mundial de xadrez

O supercomputador da IBM derrotou Garry Kasparov. O mundo se perguntou: será que as máquinas vão nos superar?

Anos 2000

Big Data e redes neurais renasceram

Com a popularização da internet, mais dados e mais poder computacional, a IA voltou com força, aprendendo com exemplos — e não apenas regras fixas.

2004

Primeiros carros autônomos tentaram cruzar o deserto

A DARPA Grand Challenge colocou robôs sobre rodas em trilhas acidentadas. A IA começou a resolver problemas do mundo real.

Anos 2010

IA no bolso (e na voz)

Assistentes como Siri, Alexa e Google Assistant entraram no cotidiano. A IA passou a reconhecer vozes, traduzir idiomas e recomendar vídeos.

2016

AlphaGo derrotou o mestre do jogo Go

Um novo salto. O jogo mais complexo do mundo foi vencido por uma IA.

2020

IA na pandemia e além

Ferramentas de IA ajudaram a diagnosticar doenças, simular cenários e acelerar pesquisas sobre vacinas.

2022

O mundo conheceu o ChatGPT

Uma IA que escrevia, conversava, traduzia, programava e até criava poemas. O mundo testou, explorou e se surpreendeu.

2023-2025

A popularização da IA generativa

Imagens, vídeos, vozes, textos. A IA passou a criar conteúdos que antes só os humanos conseguiam.

PARA REFLETIR

No centro da corrida pela inteligência artificial não estão apenas algoritmos ou modelos sofisticados, mas principalmente pessoas e instituições que os criam e controlam. O poder da IA não está na máquina em si, mas nas mãos de quem a financia, direciona e decide seus usos. Hoje, governos e corporações moldam esse avanço como uma nova promessa de dominação global, disputando não apenas tecnologia, mas influência política, econômica e cultural. Se, no passado, o petróleo definiu impérios, agora são os dados e a capacidade de processá-los que determinam quem lidera e quem segue. Mas será que essa concentração extrema de poder não está criando uma dependência, em que poucos decidem como a maioria viverá? A IA promete democratizar o acesso ao conhecimento, mas, ironicamente, seu desenvolvimento está nas mãos de poucos. Quem cria a IA, no fundo, pode estar criando as regras do mundo que virá – e quem garante que essas regras serão justas?

5.

INTELIGÊNCIA ARTIFICIAL, DESIGUALDADE REAL

Imagem gerada com IA via Midjourney versão 6.

Tudo o que você vai ler neste capítulo é ficção. As personagens, as situações e os acontecimentos foram criados para ilustrar desigualdades que existem de fato no mundo. Não se trata da história real de duas meninas, mas de uma construção narrativa baseada em possibilidades reais. Ao acompanhar a trajetória de Gaia e Aisha, você vai perceber como o lugar onde alguém nasce pode influenciar o acesso à educação, à saúde, ao trabalho e à própria possibilidade de imaginar um futuro diferente. Assim como vimos no capítulo com Ian e Julia (nomes que, não por acaso, também abrigam IA em suas grafias), usamos a ficção para tornar visível o que muitas vezes passa despercebido no meio de tantos dados e informações, inclusive as que permeiam este livro. A ideia deste capítulo não é transformar a discussão em mais um campo de polarização, mas mostrar, de forma clara e sensível, como o ambiente e as oportunidades impactam as trajetórias das vidas das pessoas.

Segundo dados do IBGE de 2010, São Caetano do Sul (SP) registra o maior índice de desenvolvimento humano (IDH) do Brasil. Melgaço (PA), o menor. São informações reais, que uso aqui para situar os dois extremos vividos pelas personagens. Enquanto uma cidade oferece escolas bem equipadas, hospitais modernos e alta expectativa de vida, a outra convive com infraestrutura precária, dificuldades de acesso e longas distâncias até os centros universitários e médicos mais próximos. É nesses dois extremos que nossas personagens nascem, no mesmo dia, mas em realidades completamente diferentes.

ONDE VOCÊ NASCE DEFINE SEU FUTURO?

Gaia veio ao mundo em um hospital particular de São Caetano do Sul, cercada por telas e sensores que monitoravam seus primeiros sinais vitais. Seu pai tirou uma foto dela segundos depois do parto e a enviou para o grupo da família no WhatsApp. Seu nome foi registrado em um sistema, suas informações armazenadas com segurança, e seu choro analisado por equipamentos que verificam a respiração de recém-nascidos.

Em Melgaço, a história foi outra. A luz da sala da casa oscilava quando Aisha nasceu. A parteira usou a lanterna do celular para iluminar o ambiente. Sem equipamentos modernos, o cuidado dependia exclusivamente da experiência de quem estava ali. Quando Aisha abriu os olhos pela primeira vez, nenhum sistema acompanhava seus sinais. Nenhum dado foi salvo, nenhuma previsão foi feita.

As duas crescerão sob o mesmo céu, no mesmo país, no mesmo século. Mas em caminhos tão diferentes que parecem existir em tempos distintos.

Aos seis anos, Gaia começa a frequentar sua escola bilíngue em São Caetano. O prédio é moderno, com paredes de vidro que deixam a luz entrar. As salas são equipadas com tablets individuais e um sistema de aprendizado baseado em inteligência artificial. Logo na primeira semana, ela recebe uma conta personalizada em um software de ensino adaptativo. O sistema avalia suas respostas e ajusta os desafios conforme seu progresso. Se Gaia acerta questões de matemática com facilidade, o programa acelera os exercícios, oferecendo problemas mais complexos. Se encontra dificuldade em leitura, a IA sugere vídeos interativos e audiolivros, adaptando o ensino ao seu ritmo.

A professora não se preocupa em corrigir provas ou preparar materiais iguais para todos e sim em revisar o que a IA propõe. O próprio sistema analisa o desempenho dos alunos, identificando em que cada um precisa melhorar. Relatórios são enviados aos pais com recomendações de atividades extras para reforçar os pontos fracos de Gaia.

Aisha, por outro lado, entra na escola pública em Melgaço. A sala de aula tem mais de cinquenta alunos e apenas um professor. Não há tablets, nem computadores, nem internet. O ensino segue um método mais que milenar: o professor escreve na lousa, os alunos copiam no caderno. Os livros são escassos, e os exercícios são os mesmos para todos, independentemente das dificuldades individuais.

Se Aisha tem facilidade com matemática, precisa esperar que toda a turma acompanhe o conteúdo antes de avançar. Se tem dúvidas, muitas vezes precisa resolvê-las sozinha, porque o professor não consegue dar atenção individualizada a todos os alunos. Seu aprendizado segue um ritmo fixo, determinado pelo currículo do governo e pelas limitações da escola.

Gaia, além das aulas tradicionais, tem acesso a uma série de tecnologias que ampliam seu conhecimento. Seus pais assinam um curso on-line de programação infantil, no qual ela aprende a criar pequenos jogos e a dar comandos para um assistente virtual. Ela brinca com um robô educativo que responde a perguntas e ensina conceitos básicos de lógica. Aos oito anos, já sabe o que é um algoritmo e como ele influencia os aplicativos que usa no dia a dia.

Aisha descobre a tecnologia de outra forma. Sua escola recebe um lote de tablets doados por uma ONG, mas eles não têm internet. Os aplicativos educativos pré-instalados oferecem apenas conteúdos básicos e, sem conexão, não há como explorar além do que já está ali. Quando Aisha pergunta ao professor sobre computadores, aqueles que as pessoas usam para trabalhar, programar, criar, ele explica em teoria. Não há acesso a um dispositivo com mais recursos e, assim, fica difícil entender na prática.

Certa noite, o irmão mais velho de Aisha volta para casa com um celular velho e explica que conseguiu um chip de dados móveis. Pela primeira vez, ela acessa a internet. Abre um vídeo sobre matemática e se impressiona. Um professor virtual explica conceitos que antes pareciam complicados. Mas o acesso é caro e intermitente: assistir a um vídeo consome muitos dados, e a família não pode pagar por isso todos os dias.

Enquanto Gaia tem acesso irrestrito a cursos, vídeos e plataformas de aprendizado de última geração, Aisha descobre um fenômeno invisível: o filtro algorítmico. Os sistemas de inteligência artificial que recomendam conteúdos na internet não são neutros. Quando Gaia pesquisa sobre IA, seus resultados incluem cursos de programação, tutoriais de robótica e notícias sobre as novas tendências do setor. Seu histórico digital indica que ela tem acesso à tecnologia, então os algoritmos reforçam essa realidade, sugerindo mais conteúdos avançados.

Já Aisha, quando acessa a internet, encontra barreiras sutis. Seu histórico digital não inclui interações com softwares de IA, então os algoritmos não sugerem cursos de programação. O conteúdo disponível para ela é diferente: dicas de estudo mais básicas, vídeos motivacionais, informações sobre profissões tradicionais. Mesmo que queira aprender sobre inteligência artificial, as plataformas não a incentivam.

Gaia cresce com a sensação de que pode se tornar uma engenheira, uma cientista de dados ou uma criadora de tecnologia. Aisha cresce sem saber muito bem que essas possibilidades existem.

Aos dez anos, Gaia e Aisha vivem infâncias diferentes, mas compartilham algo comum a todas as pessoas: ambas adoecem de vez em quando. No entanto, a forma como seus corpos são tratados pelo sistema de saúde e pela inteligência artificial segue caminhos muito distintos.

Quando Gaia começa a sentir dores de cabeça frequentes, sua mãe não demora a agir. Com poucos cliques em um aplicativo de saúde, ela agenda uma consulta on-line com um médico assistido por IA. O software analisa os sintomas antes mesmo da videochamada, sugerindo possíveis causas com base em milhões de diagnósticos anteriores. Durante a conversa, a médica já tem recomendações prontas e pede um exame de sangue e um teste de visão, que Gaia poderá fazer em uma clínica moderna, equipada com inteligência artificial para análise de resultados.

Em poucos dias, a família recebe um relatório detalhado. A IA detecta um leve grau de miopia, sugere o uso de óculos e recomenda um aplicativo de exercícios para os olhos. Nenhuma grande preocupação.

Aisha também sente dores de cabeça, mas sua realidade é outra. No bairro rural onde mora, não há médicos disponíveis todos os dias, e a clínica mais próxima fica a uma hora de caminhada. Quando sua mãe decide levá-la para uma consulta, encontram uma fila longa e um profissional sobrecarregado. Sem inteligência artificial para cruzar dados e prever diagnósticos, o médico faz perguntas e chega a uma conclusão com base apenas em sua experiência e na observação.

— Pode ser desidratação — ele diz —, ou talvez anemia. Mas, sem exames, não posso dizer com certeza.

Os exames não são uma opção acessível. O hospital mais próximo com equipamento avançado fica em outra cidade, e a família de Aisha não tem dinheiro para a viagem. O médico recomenda que ela beba mais água e descanse. A IA poderia ter detectado sua anemia com precisão, mas essa tecnologia não está ao seu alcance. Seu corpo será tratado com base na sorte, e na esperança de que os sintomas não piorem.

Quando Gaia faz exame de sangue, seus dados de saúde são armazenados em um sistema protegido por criptografia avançada. Seus pais pagam uma assinatura para manter suas informações seguras e têm controle sobre quais médicos podem acessá-las.

Aisha não tem essa escolha. Em sua cidade, registros médicos ainda são feitos em papel. Quando um novo hospital parceiro de uma ONG começa a digitalizar os dados dos pacientes, não há nenhuma política clara sobre privacidade. Seu histórico de saúde pode ser compartilhado sem seu consentimento, vendido para empresas de seguro ou até mesmo usado para limitar suas oportunidades no futuro.

Em muitos lugares do mundo, quem tem dinheiro pode proteger suas informações pessoais. Quem não tem, torna-se um produto.

Aos doze anos, Gaia e Aisha começam a perceber outro efeito da tecnologia: enquanto algumas pessoas usam a IA para melhorar suas vidas, a maioria delas é monitorada por ela.

Em São Caetano, Gaia estuda em uma escola em que a segurança é reforçada por reconhecimento facial. Câmeras inteligentes analisam quem entra e sai do prédio, e um sistema de IA detecta comportamentos suspeitos. Para os alunos, a tecnologia é quase invisível e apenas uma garantia de que estão protegidos.

Só que em algumas regiões do mundo, o mesmo reconhecimento facial tem outro propósito. Na cidade de Aisha, um novo programa de segurança instalado pelo governo em locais considerados de "alto risco" mantém a vigilância constante e quem mora ali sente que está sempre sendo observado.

Enquanto Gaia cresce em um ambiente no qual a IA a protege, Aisha cresce em um mundo em que a IA a vigia.

Aos quatorze anos, Gaia e Aisha começam a construir suas visões de mundo. O que acreditam sobre política, sociedade e oportunidades futuras será moldado, em grande parte, pelas informações que consomem, e, nesse processo, a inteligência artificial terá um papel silencioso, mas decisivo.

Desde cedo, Gaia aprendeu a buscar conhecimento com autonomia. Seus pais incentivam a leitura de diferentes fontes, e a escola ensina pensamento crítico. Quando pesquisa um tema na internet, encontra artigos acadêmicos, jornais com credibilidade e vídeos educativos. Seus algoritmos de recomendação sugerem documentários sobre IA, debates sobre ética na tecnologia e cursos de aprofundamento.

Aisha também tem curiosidade sobre o mundo, mas seu acesso à informação é limitado. Sua principal fonte de notícias é o Facebook, em que grupos locais compartilham conteúdos virais. Como a internet é cara, vídeos curtos e manchetes chamativas dominam sua linha do tempo.

Os algoritmos que controlam o que cada uma vê são invisíveis, mas poderosos. Gaia recebe notícias equilibradas porque suas pesquisas indicam um padrão de leitura diversificado. Já Aisha é alimentada por um sistema que reforça aquilo que ela já consumiu antes. Se um vídeo sensacionalista aparece em sua tela e ela assiste, o próximo será ainda mais extremo.

Em um dia comum, Gaia lê uma reportagem sobre inteligência artificial em um site de tecnologia. O artigo explica como deepfakes (vídeos gerados por IA que imitam rostos e vozes) estão se tornando uma ferramenta perigosa de desinformação. Ela compreende o risco e aprende a identificar sinais de manipulação digital.

No mesmo dia, Aisha recebe no WhatsApp um vídeo bizarro: um político local faz uma declaração chocante. As imagens parecem reais, mas, na verdade, foram alteradas por IA para distorcer seu conteúdo. O vídeo viraliza, e os moradores acreditam que é autêntico.

Sem acesso à educação crítica sobre tecnologia, Aisha não tem ferramentas para questionar o que vê. E os algoritmos não ajudam. Uma vez que ela assiste ao vídeo, as plataformas recomendam mais conteúdo do mesmo tipo. Assim, uma narrativa falsa se fortalece e se torna verdade para quem não tem acesso à checagem de fatos.

Dois anos depois, Gaia e Aisha vivem seus primeiros momentos de consciência política. Em São Caetano do Sul, Gaia acompanha debates on-line e usa ferramentas de verificação de fatos para comparar propostas de candidatos. O próprio sistema da sua rede social sugere conteúdos diversos, apresentando diferentes lados da discussão. Desde pequena, ela aprendeu a buscar fontes confiáveis e a reconhecer quando uma informação parece manipulada.

Em Melgaço, Aisha vê outro cenário. Seu principal acesso à internet vem do celular compartilhado com os irmãos, e suas fontes de informação são grupos de mensagens e vídeos curtos nas redes sociais. Durante o período eleitoral, perfis automatizados espalham mensagens alarmistas. Algoritmos identificam padrões de engajamento e direcionam conteúdos personalizados para quem parece mais vulnerável à desinformação. Algumas mensagens apelam para o medo, outras repetem narrativas falsas tantas vezes que acabam parecendo verdade. Sem orientação crítica e com acesso limitado a fontes variadas, torna-se mais difícil distinguir o que é fato do que é manipulação. Gaia tem mais controle sobre sua visão de mundo. Aisha tem sua opinião moldada por inteligências artificiais que ela nem sabe que existem.

Ambas as meninas acreditam estar bem-informadas. Na verdade, estão presas em bolhas digitais.

Gaia vive em um ambiente no qual a IA prioriza conteúdos educativos e balanceados. Mesmo assim, os algoritmos a colocam dentro de um certo grupo de pensamento. Se seus pais e amigos têm um viés político específico, a tecnologia reforça esse viés ao sugerir mais do mesmo.

Aisha vive numa bolha mais extrema. Seu mundo digital é construído a partir de poucas fontes, repetidas sem questionamento. Se um grupo começa a acreditar que uma conspiração política é real, os algoritmos garantem que essa crença se espalhe.

A inteligência artificial poderia ampliar horizontes, mas, muitas vezes, faz o contrário.

Aos dezoito anos, Gaia e Aisha enfrentam um novo desafio: entrar na universidade. Em um país onde a tecnologia já transformou a forma como muitas pessoas aprendem, será que todos têm as mesmas chances de continuar seus estudos?

Desde cedo, Gaia soube que iria para a faculdade. Seus pais sempre falaram sobre isso como uma certeza, não uma possibilidade. Seu ensino médio foi moldado para isso: aulas de reforço, mentoria com especialistas e plataformas digitais que acompanhavam seu desempenho, sugerindo conteúdos específicos para melhorar suas notas no Exame Nacional do Ensino Médio (Enem) e nos vestibulares. Ela também teve acesso a simulados com correção automatizada, que indicavam não só a nota, mas estratégias de aprimoramento. Além disso, usava um sistema de ensino personalizado, que adaptava os estudos ao seu ritmo e às suas metas.

Quando chega o momento da inscrição, Gaia tem várias opções. Seus professores recomendam instituições, e sua escola mantém um banco de dados atualizado com universidades no Brasil e fora dele. Seu histórico digital é completo — cursos extracurriculares, certificados on-line, participação em feiras e maratonas de tecnologia. Tudo isso é lido por sistemas automatizados de seleção, que rapidamente a identificam como uma candidata de alto potencial.

Ela é aprovada sem grandes dificuldades.

Aisha também quer entrar numa faculdade. Sempre teve curiosidade e vontade de aprender mais. Seu caminho, no entanto, é muito mais incerto. Na escola pública onde estudou, não havia simulados personalizados, nem tecnologias que acompanhassem seu progresso. Os professores se dedicavam, mas trabalhavam com pouco apoio e muitas limitações. Quando procurava materiais on-line, Aisha frequentemente esbarrava em conteúdos pagos ou em aulas em inglês — um idioma que ela mal teve tempo de estudar.

O maior obstáculo, porém, aparece no momento da candidatura. Muitas universidades, especialmente as que oferecem bolsas ou vagas disputadas, já usam sistemas de triagem automatizada. Esses programas analisam históricos escolares, atividades extracurriculares, redações e cartas de recomendação. O desempenho de Aisha é bom, mas ela não tem certificados reconhecidos, nem participou de programas que o sistema considera como diferenciais. Sua escola sequer aparece nos bancos de dados que alimentam os algoritmos.

Ela tenta uma bolsa em uma instituição fora do estado, mas descobre que os sistemas de seleção priorizam escolas já mapeadas — e a dela ficou de fora.

Apesar de sua inteligência, esforço e vontade de aprender, as portas que se abriram com facilidade para Gaia parecem fechadas para Aisha. E não é por falta de mérito.

Aos vinte e dois anos, Gaia e Aisha começam sua jornada profissional. Ambas são jovens inteligentes e determinadas, mas o sistema de trabalho na era da IA não é apenas sobre talento: é sobre histórico digital, acesso à tecnologia e submissão às regras invisíveis impostas pelos algoritmos de recrutamento.

Gaia se formou em uma das melhores universidades do Brasil, com um currículo repleto de estágios em empresas de tecnologia e projetos acadêmicos bem-documentados. Mas, mais do que isso, ela tem algo essencial para a nova economia: um histórico digital completo.

Quando Gaia se candidata a um emprego, sua aplicação passa primeiro por um sistema de triagem baseado em inteligência artificial. Esse software não apenas lê seu currículo, ele analisa seus padrões de comportamento on-line, sua presença em plataformas profissionais, os cursos que completou e até suas interações em redes sociais voltadas para negócios.

Os algoritmos gostam do que veem. Gaia tem um perfil bem estruturado, alinhado com as palavras-chave que as empresas programaram no sistema. Em poucos dias, recebe convites para entrevistas automatizadas, nas quais responde a perguntas para um avatar digital que mede sua entonação, escolha de palavras e até expressões faciais. Ela é contratada rapidamente para um cargo promissor em uma empresa de tecnologia que usa IA para analisar grandes volumes de dados. Seu trabalho será, ironicamente, ajudar a treinar novos modelos de inteligência artificial, os mesmos que determinarão o futuro profissional de milhões de pessoas.

Aisha também tem vinte e dois anos e está determinada a encontrar um emprego estável. Mas sua trajetória foi diferente. Sem um diploma reconhecido, sem certificações digitais e sem experiência formal registrada em plataformas de recrutamento, ela enfrenta barreiras invisíveis e precisa trabalhar como caixa do mercadinho enquanto procura empregos melhores.

Quando envia seu currículo para uma vaga, ele passa por um sistema de seleção automatizada que busca sinais específicos de qualificação — palavras-chave como "experiência internacional", "certificação em machine learning" ou "projetos relevantes em empresas reconhecidas". A candidatura de Aisha não contém esses elementos, e o algoritmo simplesmente a ignora. Ela nunca recebe resposta. Sem saber, Aisha foi eliminada por um software antes mesmo que um ser humano pudesse ler sua candidatura.

Mas ela não desiste. Começa a procurar trabalho no setor informal, em que a inteligência artificial ainda não domina completamente. Consegue pequenos trabalhos como digitadora, transcrevendo áudios e organizando planilhas. O pagamento é baixo, e a concorrência é brutal, já que muitas dessas funções estão sendo substituídas por IA.

Enquanto Gaia avança na carreira e começa a poupar dinheiro, Aisha percebe um padrão: a IA não está apenas distribuindo oportunidades de maneira desigual, ela está ampliando a distância entre os que já têm acesso e os que nunca tiveram.

Gaia agora ganha um salário alto e pode investir parte dele em fundos gerenciados por algoritmos de alta precisão, que maximizam seus retornos financeiros. Pode usar ferramentas de IA para otimizar sua produtividade, automatizando tarefas repetitivas e melhorando sua eficiência.

Aisha, por outro lado, vê suas opções diminuírem. Os trabalhos manuais, que antes sustentavam sua comunidade, estão sendo automatizados. O comércio digital, que parecia uma alternativa promissora, está sendo dominado por empresas que usam IA para prever tendências e esmagar a concorrência com estratégias impossíveis de replicar sem acesso a tecnologias avançadas. Enquanto Gaia usa a IA para multiplicar sua riqueza, Aisha vê a IA apagando o pouco que ainda lhe restava de oportunidades.

Aos vinte e oito anos, Gaia e Aisha são adultas vivendo realidades que parecem pertencer a mundos diferentes. Ambas cresceram na era da inteligência artificial, mas a IA trabalhou a favor de uma e contra a outra.

Gaia prosperou em sua carreira. Sua experiência com tecnologia e sua formação privilegiada a colocaram em um caminho de ascensão. Hoje, trabalha em uma grande empresa de tecnologia que desenvolve sistemas de IA para otimizar operações financeiras. Com um salário alto e acesso às melhores ferramentas do mercado, ela usa IA para multiplicar sua renda, investimentos automatizados, consultorias digitais e até um assistente pessoal baseado em aprendizado de máquina que gerencia sua rotina.

Sua empresa cresce porque tem acesso a poder computacional de última geração, a melhores dados e a algoritmos cada vez mais eficientes. Mas esse sucesso não é compartilhado por todos. Pequenos negócios estão sendo esmagados porque não conseguem competir com corporações que usam IA para prever mercados, ajustar preços em tempo real e oferecer serviços ultrapersonalizados.

O abismo econômico entre quem tem acesso à IA e quem não tem se tornou mais profundo. Aisha sente isso todos os dias. Sem acesso a um emprego estável, ela tenta empreender. Começa a vender produtos on-line, mas logo percebe que seus anúncios nunca aparecem nas primeiras posições, pois algoritmos de recomendação priorizam grandes varejistas, que têm dinheiro para pagar por anúncios impulsionados por IA.

Ela tenta oferecer serviços digitais, mas descobre que as plataformas estão substituindo trabalhadores humanos por modelos de IA que fazem tarefas de forma mais rápida e muito mais barata. O que parecia uma nova chance de mobilidade social se transforma em mais uma porta fechada.

A automação não apenas eliminou empregos, ela eliminou qualquer alternativa viável para aqueles que já estavam em desvantagem. Setores como agricultura, transporte e varejo, que antes empregavam milhões de pessoas, agora são dominados por máquinas. Trabalhadores como Aisha, que não tiveram acesso ao mundo da IA desde cedo, não conseguiram se adaptar rápido o suficiente.

Enquanto isso, Gaia vê sua empresa crescendo exatamente porque outras pessoas, como Aisha, estão sendo excluídas do mercado. A tecnologia permite que poucos concentrem ainda mais riqueza e que milhões sejam marginalizados sem sequer entender como isso aconteceu. E o mais cruel dessa desigualdade é que ela é invisível. Não há um chefe negando empregos diretamente, há apenas sistemas silenciosos e algoritmos opacos tomando decisões sem explicação.

Aisha nunca recebeu uma mensagem dizendo que estava sendo excluída do futuro. Mas, de alguma forma, ela foi.

Aos trinta anos, Gaia e Aisha vivem em um mundo em que a inteligência artificial não é apenas uma ferramenta, é um filtro social.

Gaia está do lado de quem construiu a IA, de quem aprendeu a falar sua linguagem e a usá-la para seu benefício. Aisha está do lado de quem foi esquecido pelos algoritmos, sem acesso às oportunidades que a tecnologia poderia ter proporcionado.

SAIBA MAIS

Não é feitiçaria; é tecnologia

Em janeiro de 2025, uma cena que parece saída de um episódio de ficção científica aconteceu em São Paulo. A empresa Tools for Humanity (TfH) oferecia cerca de R$ 500 para escanear a íris dos olhos de pessoas nas ruas. Em troca, ficava com uma das informações biométricas mais sensíveis que alguém pode ter.

Mais de 500 mil pessoas aceitaram a proposta, muitas delas sem saber exatamente o que estava sendo feito com seus dados, ou por que isso interessava tanto à empresa. A promessa: um pagamento rápido em troca da participação em um projeto de identidade digital global. A realidade levantou alertas sobre consentimento, desigualdade e o valor (ou preço) da privacidade (Milanezi, 2025; G1, 2025).

PARA REFLETIR

Talvez tudo isso pareça exagero. Talvez pareça coisa de série, como um episódio de *Black Mirror* (se você ainda não viu, vale a pena). Mas, como já vimos, o que até bem pouco tempo parecia ficção no tema da IA se torna realidade muito rápido. Os caminhos de Gaia e Aisha foram inventados e exagerados propositalmente, mas se inspiram em dados e cenários que já existem, muitas vezes de forma invisível, no dia a dia de milhares de pessoas. Se a tecnologia continuar concentrada nas mãos de poucos, a desigualdade só vai se aprofundar. As fronteiras entre quem tem acesso e quem não tem ficarão cada vez mais rígidas – e, em algum momento, talvez, impossíveis de atravessar. Mas se houver distribuição, se o acesso for ampliado, se os sistemas forem pensados para incluir e não para excluir, quem sabe um dia meninas como Aisha e Gaia caminhem lado a lado. Este capítulo não é somente para pensar sobre o que a tecnologia pode fazer; é também sobre para quem ela faz.

6.

O PODER INVISÍVEL DOS DADOS

Imagem gerada com IA via Midjourney versão 6.

Em 2014, o pesquisador americano nascido na Moldávia, Aleksandr Kogan, criou um aplicativo de testes de personalidade no Facebook, coletando dados de cerca de 87 milhões de usuários, incluindo informações de amigos dos participantes. Esses dados foram utilizados pela Cambridge Analytica, uma consultoria de política britânica, para criar perfis psicológicos e segmentar anúncios políticos, influenciando campanhas como a de Donald Trump, em 2016, e o referendo do Brexit. O escândalo veio à tona em 2018, gerando indignação global sobre quebra de privacidade, e levou o Facebook a mudar suas políticas de proteção de dados. A Cambridge Analytica encerrou suas operações em 2018, e o Facebook enfrentou diversas penalidades, incluindo uma multa recorde de US$ 5 bilhões em 2019. Em 2024, a Meta, empresa dona do Facebook, foi processada na Austrália e nos EUA por questões ligadas ao caso, mantendo o tema em debate até hoje. Vale procurar na internet os detalhes, que são inúmeros, desse emblemático caso sobre o universo que vamos explorar neste capítulo.

Enquanto escrevo essa página do livro, a população mundial é de aproximadamente 8,2 bilhões de pessoas. Estamos em fevereiro de 2025 e, em quase dois meses neste ano, já ocorreram mais de 17,6 milhões de nascimentos e 8,3 milhões de mortes. Apenas hoje, vão nascer mais de 234 mil pessoas e morrerão cerca de 110 mil. Mais de 11,8 milhões de carros, 21,2 milhões de bicicletas e 30,4 milhões de computadores foram produzidos neste ano. Também foram publicados mais de 378 mil novos livros e nem entramos no terceiro mês do ano. Ainda hoje, circularão cerca de 295 milhões de exemplares de jornais e serão vendidos mais de 438 mil televisores. Além disso, US$ 216 milhões serão gastos com games hoje.

Temos 6,5 bilhões de usuários de internet. Hoje, serão enviados aproximadamente 203 bilhões de e-mails, escritos mais de 7,6 milhões de posts em blogs, compartilhadas cerca de 650 milhões de postagens no X (ex-Twitter) e realizadas mais de 7,6 bilhões de buscas no Google.

Até agora, cerca de 693 mil hectares de florestas foram desmatados, enquanto aproximadamente 933 mil hectares de solo foram perdidos por erosão. A emissão de CO_2 já ultrapassa 5,2 bilhões de toneladas neste ano. Ainda, mais de 1,5 milhão de hectares sofreram desertificação, e mais de 1,3 milhão de toneladas de produtos químicos tóxicos foram liberadas no meio ambiente.

Atualmente, há cerca de 885 milhões de pessoas subnutridas, enquanto mais de 1,7 bilhão estão acima do peso e cerca de 881 milhões são obesas. Somente hoje, mais de 19,8 mil pessoas irão morrer de fome.

Até o momento, já foram utilizados mais de 625 bilhões de litros de água em 2025, e aproximadamente 112 mil pessoas morreram devido a doenças relacionadas a água contaminada. No mundo, mais de 756 milhões de pessoas ainda não têm acesso a uma fonte segura de água potável.

O consumo de energia global ultrapassou 302 milhões de MWh hoje, sendo que a maior parte, cerca de 257 milhões de MWh, vem de fontes não renováveis. O petróleo continua sendo um recurso essencial, com mais de 62 milhões de barris extraídos em apenas um dia. No entanto, estima-se que restam míseros 38 anos de reservas petrolíferas, enquanto o gás natural pode durar aproximadamente 56 anos e o carvão cerca de 147 anos.

São 9,8 bilhões de cigarros fumados em um dia e 666 mil mortes atribuídas ao fumo neste ano. O número de suicídios ultrapassou os 142 mil casos em 2025. O mercado de drogas ilegais movimentou mais de US$ 53 bilhões de dólares no ano, enquanto os acidentes de trânsito causaram quase 180 mil mortes.

Todos esses dados estão disponíveis no agregador www.worldometers.info, que reúne fontes como a ONU, o FMI, governos, a Unicef e a Unesco. Dados são representações fragmentadas de fatos, eventos, informações. Eles podem ser estruturados, distribuídos em colunas e linhas, em um sistema que permite busca e recuperação rápida. Ou não estruturados, espalhados em formas que não seguem uma lógica evidente, como e-mails, imagens, mensagens de texto armazenadas em algum banco de dados.

É estranho pensar em como os dados existem sem depender da nossa interpretação. Eles continuam lá, quer alguém os analise ou não. Mas a informação, essa sim, precisa de contexto. Um número sozinho não é nada; mas se disserem que é a temperatura média da semana, então já há algo ali, um significado. Um padrão, talvez. Ainda assim, a existência dos dados não depende da nossa vontade. Eles continuam sendo coletados, processados e armazenados, mesmo quando ninguém está prestando atenção.

Vamos falar agora dos seus dados. Se você tem um celular, se você interage com qualquer tela, você já forneceu dados para alguém. Seu dispositivo, sua localização, talvez até o tempo que você leva para abrir um link depois de receber uma notificação.

Seus dados podem ser classificados em diferentes categorias:

- Dados pessoais: seu nome, seu e-mail, seu telefone; a parte que você preenche automaticamente em qualquer formulário, sem pensar muito.
- Dados comportamentais: o que você pesquisa, em que clica, por quanto tempo olha para uma tela antes de ficar entediado. O tipo de coisa que empresas de tecnologia usam para decidir quais anúncios mostrar.
- Dados biométricos: sua impressão digital, seu rosto destravando um celular, o batimento cardíaco medido pelo smartwatch que você comprou porque achou que seria bom ter controle sobre sua saúde.

- Dados financeiros: seu histórico de compras, seu saldo bancário, aquele número que define até onde você pode ir e o que pode fazer.
- Dados de localização: lugares que você frequenta, trajetos que você percorre, ruas que você nem lembra de ter passado, mas que o Google Maps ou o Waze registram.

Tudo isso junto forma uma espécie de identidade invisível, muitas vezes mais acessível para empresas e governos do que para você mesmo.

A internet nos acostumou com a falsa ideia de serviços gratuitos. Você pode criar contas em redes sociais, usar serviços de e-mail, assistir a vídeos, baixar aplicativos. Nenhuma cobrança direta, nenhuma fatura no final do mês. Mas nada disso é realmente de graça.

SAIBA MAIS

Documentário: *O dilema das redes* (2020)

Em *O dilema das redes*, ex-funcionários de grandes empresas de tecnologia revelam como os algoritmos são usados para capturar a atenção das pessoas e moldar comportamentos.

O documentário mostra como aquilo que parece só uma linha do tempo personalizada pode, na verdade, influenciar opiniões, hábitos e até eleições.

O que acontece é que, em vez de pagarmos com dinheiro, pagamos com dados. Toda plataforma precisa lucrar de alguma forma; então, se você não está gastando nada, é porque, no fim, o produto não é o serviço, o produto é você.

Empresas de tecnologia funcionam com um modelo simples: coletar o máximo de informações possível sobre cada usuário e usá-las ou vendê-las, direta ou indiretamente. Anunciantes pagam para exibir propagandas segmentadas. Desenvolvedores criam algoritmos que ajustam recomendações com base no seu comportamento. Bancos e seguradoras analisam seu histórico digital para definir quais ofertas você merece, ou quais riscos você representa.

Isso significa que a internet personalizada, aquela que sempre parece entender o que você quer antes mesmo de você saber, só existe porque "alguém" está observando o tempo todo. Talvez nada disso pareça tão grave no dia a dia. Afinal, se tudo que acontece é receber anúncios de coisas que você já gosta, qual é o problema? Mas a questão não é só sobre publicidade. É sobre controle.

Se sua atenção pode ser comprada, significa que suas escolhas também podem ser influenciadas. Se seus dados podem ser analisados para prever seu comportamento, significa que, em algum nível, já estão decidindo coisas por você antes mesmo que você perceba.

O preço da falsa gratuidade, no fim, é renunciar a partes invisíveis de si mesmo, pequenas decisões, preferências e impulsos que, um dia, podem deixar de ser realmente seus. Quanto mais tempo você passa on-line, mais previsível se torna. Não porque você seja uma pessoa sem complexidade, mas porque padrões sempre emergem quando há dados suficientes. O horário em que você desbloqueia o celular pela primeira vez no dia; a frequência com que repete certas músicas; o tempo médio que leva para responder a uma mensagem antes de perder o interesse na conversa: nada disso é aleatório. Pelo menos, não para os algoritmos. Toda grande plataforma baseada em dados opera com um único objetivo: manter você ali dentro pelo maior tempo possível. Isso significa que o conteúdo que aparece na sua tela não é escolhido de forma neutra. Ele foi ajustado para se alinhar ao que prende sua atenção, ao que provoca a reação mais forte, ao que tem mais chance de fazer você clicar, assistir, comprar, acreditar. E isso acontece sem que você perceba. Sistemas de recomendação não apenas mostram aquilo de que você gosta, mas gradualmente moldam aquilo de que você passará a gostar. Se você consome um tipo específico de notícia, começa a receber cada vez mais versões daquela mesma visão de mundo, até que outras perspectivas parecem menos reais. Se você assiste a um vídeo sobre um tema controverso, há uma boa chance de que os próximos vídeos sejam ainda mais extremos, empurrando você para um buraco sem fim de convicções cada vez mais intensas. Isso não é uma teoria conspiratória: é um modelo de negócio.

A lógica é simples: quanto mais previsível seu comportamento, mais fácil é vendê-lo. Se a plataforma entende quais emoções fazem você rolar a tela por mais tempo, ela ajusta o que mostra para otimizar esse efeito. Se ela percebe que certos tipos de conteúdo provocam mais engajamento, esses conteúdos passam a ser impulsionados. Não importa se são verdadeiros ou não, o que importa é que funcionam.

E essa é a parte fundamental: não se trata apenas de publicidade. Trata-se de um sistema que influencia pequenas e grandes decisões sem que você perceba. Você acha que está escolhendo o que ver mas, na verdade, está escolhendo dentro de um conjunto de opções que já foram pré-selecionadas para você.

Os dados individuais podem parecer inofensivos quando analisados separadamente. Saber que uma pessoa comprou um tênis azul ou assistiu a um filme específico não muda nada de forma isolada. Mas quando bilhões de fragmentos de informação são coletados e processados em larga escala, eles deixam de ser apenas registros da vida cotidiana e se tornam uma fonte real de poder.

Governos, empresas e instituições detêm hoje um nível de conhecimento sobre a sociedade que nenhuma civilização anterior poderia ter imaginado. Mapas de deslocamento, padrões de consumo, tendências políticas, até emoções detectadas por interações digitais, tudo pode ser analisado para prever comportamentos e influenciar decisões antes que elas aconteçam.

A questão é que esses sistemas de coleta e análise não operam de forma neutra. Eles são controlados por grupos específicos, que decidem quais dados importar, como usá-los e para quem direcioná-los. Isso significa que não são apenas informações sobre o mundo que estão sendo organizadas, mas a própria estrutura de poder.

Hoje em dia, empresas de tecnologia controlam o acesso ao conhecimento. Governos usam dados para monitoramento e segurança. Partidos políticos compram informações para direcionar discursos e manipular a opinião pública. Bancos utilizam perfis de risco para decidir quem tem direito a crédito e quem não.

E nenhum desses usos é novo. A diferença é que, antes, o controle era limitado por acesso e escala. Agora, os dados são extraídos em um nível tão abrangente que se tornam quase invisíveis.

E quando algo se torna invisível, torna-se também inquestionável. Não porque as pessoas não se importem, mas porque não percebem. Um sistema "eficiente" de coleta de dados é aquele que você não nota. Um algoritmo "eficaz" é aquele que te convence de que suas escolhas são suas, mesmo quando foram moldadas para ser exatamente como eram esperadas.

Informações sobre nossos hábitos, desejos e até medos são ferramentas moldando o futuro. Se os dados definem o que vemos, o que compramos, o que acreditamos, eles também determinam o que somos e, principalmente, o que podemos nos tornar. O grande dilema não é a coleta em si, mas o desequilíbrio de poder que ela gera. Assim como vimos sobre a inteligência artificial, hoje, a maior parte dos dados está concentrada nas mãos de algumas poucas empresas e governos. Esse domínio não é apenas uma vantagem comercial. Ele significa que decisões sobre o que é relevante, o que é verdadeiro e até o que merece existir on-line estão sendo tomadas longe do nosso alcance.

SAIBA MAIS

Artigo: *Economia de dados: conceitos e desafios para a medição* (2023)

Publicado pelo Comitê Gestor da Internet no Brasil (CGI.br), o artigo explora bem a ideia de que os dados são o "novo petróleo" e como ela se espalhou rapidamente. A metáfora revela como a sociedade passou a ver os dados: uma matéria-prima valiosa, capaz de movimentar a economia global. Ao contrário do petróleo, os dados não se esgotam quando usados. Eles são replicáveis, reutilizáveis e cada vez mais abundantes. O artigo também mostra como as empresas mais valiosas do mundo já são movidas a dados e propõe reconhecer o dado como um bem com valor intrínseco com políticas que retribuam, protejam e coloquem o bem-estar coletivo acima do lucro concentrado.

O problema dos dados não é apenas a privacidade. É a autonomia. Trata-se de quem tem o direito de decidir o que acontece com as informações que definem sua vida. E, mais importante, o que significa viver em um mundo no qual essas decisões são tomadas por máquinas que nunca dormem, nunca esquecem e, o mais assustador de tudo, nunca param de aprender sobre você.

PARA REFLETIR

Se o futuro será dominado por aqueles que controlam os dados, devemos pensar em questões como: podemos garantir que esse controle não seja unilateral? Como construir um futuro no qual os dados sirvam às pessoas, e não o contrário? Talvez a resposta não esteja apenas em políticas de privacidade ou leis de proteção de dados, temas que trataremos mais adiante no livro, mas em uma nova forma de pensar sobre tecnologia, educação e poder. Uma em que transparência, equidade e responsabilidade sejam mais do que palavras soltas em um contrato que ninguém lê.

7.

O IMPACTO DA IA NO TRABALHO I

Imagem gerada com IA via Midjourney versão 6.

A COSTUREIRA E A MÁQUINA PERFEITA

Dona Sônia aprendeu a costurar quando ainda era criança, observando a mãe prender alfinetes na barra de um vestido, riscar moldes no tecido, passar a linha na agulha com a paciência de quem faz aquilo todos os dias. Cresceu assim, entre fios e cortes, até que aquilo virou seu ofício. Durante anos, fez vestidos de festa sob medida, ajustou ternos, reformou roupas que pareciam perdidas. Sabia exatamente no que uma peça precisava de um ajuste antes mesmo do cliente perceber. Mas, com o tempo, começou a notar as mudanças em sua área de trabalho. Primeiro, foram as lojas *fast fashion*, que vendiam roupas por preços tão baixos que já nem valia a pena mandar consertar. Depois, chegaram os programas de design automatizado, nos quais qualquer um podia montar um modelo do próprio jeito, sem precisar de um profissional. Agora, até as grandes fábricas de costura começam a trocar mãos experientes por máquinas que fazem tudo sozinhas, cortam os tecidos sem erro, ajustam medidas em segundos, costuram sem precisar de pausa. Sônia vê isso acontecer com uma estranheza silenciosa. Não foi um choque, foi um processo. As encomendas diminuíram devagar. O telefone tocava menos. O tempo entre um pedido e outro ficou cada vez maior. O que uma pessoa faz quando percebe que aquilo que sempre soube fazer já não tem mais espaço?

No senso comum, a ideia de automação sempre esteve ligada à de progresso. Desde o início das Revoluções Industriais, cada avanço tecnológico gerou transformações nas relações de trabalho. Mas há algo diferente desta vez: a velocidade. O que antes levava décadas para ser assimilado agora ocorre em questão de anos, meses, às vezes dias. Enquanto no passado as máquinas substituíram principalmente o trabalho braçal, hoje a IA se infiltra em setores tradicionalmente reservados à cognição.

No jornalismo, algoritmos geram desde relatórios financeiros até textos esportivos que descrevem partidas nunca assistidas, transformando números em manchetes. Notícias automatizadas sobre mercados, variações de temperatura, resultados eleitorais, previsões do tempo. Na publicidade, campanhas inteiras podem surgir de prompts simples. Publicitários passam a competir com inteligências que foram alimentadas com todas as reações, todos os padrões de comportamento.

No design gráfico, ferramentas criam logotipos, artes para postagens em redes sociais, layouts de sites, ajustam cores, alinham elementos. No cinema, roteiros são escritos por IA, diálogos gerados automaticamente, deepfakes (imagens, vídeos ou áudios falsos) recriam rostos de atores já mortos, sintetizam vozes, manipulam expressões faciais, fazem um rosto sorrir quando, na cena original, ele estava sério. Os filmes *Emilia Pérez* e *O Brutalista*, indicados ao Oscar 2025, utilizaram inteligência artificial em suas produções. No primeiro, a IA foi empregada para mesclar a voz da protagonista, interpretada por Karla Sofía Gascón, com a da cantora francesa Camille nas cenas de canto. Já no segundo, a tecnologia foi utilizada para corrigir a pronúncia do protagonista em húngaro e para criar desenhos arquitetônicos.

Na música, melodias são compostas, letras são geradas, vozes são sintetizadas, hits são criados a partir de análises de padrões de consumo. No teatro, peças inteiras podem ser escritas sem que um dramaturgo precise estruturar cenas, construir conflitos. Na literatura, romances que imitam estilos conhecidos podem ser produzidos sob demanda. Na fotografia, imagens hiper-realistas são criadas sem câmera, sem fotógrafo, sem locação.

Na programação, códigos são escritos e corrigidos em segundos, funções inteiras sugeridas sem que um desenvolvedor precise digitar. No ensino, sistemas automatizados já podem corrigir redações, criar provas e personalizar conteúdos de acordo com o desempenho de um aluno. Na arquitetura, softwares desenham projetos de casas, otimizam espaços, calculam materiais necessários, simulam condições ambientais. Na moda, coleções poderão ser geradas por inteligência artificial, designs ajustados a partir de tendências captadas em tempo real. Na economia, análises de mercado, previsões financeiras, decisões de investimentos são feitas por modelos que consideram variáveis impossíveis para um humano processar sozinho. Em RH, currículos podem ser filtrados automaticamente. E por aí vai.

Mas há uma diferença entre substituir uma tarefa e eliminar completamente uma função. Se uma IA pode gerar um artigo em segundos, isso significa o fim do jornalismo? Se uma ferramenta de design pode criar um logotipo a partir de uma descrição, isso significa que designers gráficos se tornarão obsoletos? Se um programa pode escrever código funcional sem intervenção humana, significa que programadores não serão mais necessários?

A resposta, por enquanto, parece estar na interseção entre automação e criatividade, entre eficiência e julgamento humano. O jornalismo, por exemplo, pode usar a inteligência artificial para produzir resumos rápidos, analisar grandes volumes de dados e apostar no jornalismo de dados. Também ainda há a reportagem em campo, as entrevistas, a interpretação subjetiva dos fatos. Um robô pode descrever um jogo de futebol, mas ainda não pode capturar a atmosfera do estádio, a tensão do público, o olhar do técnico na beira do campo. Na programação, a IA já escreve trechos de código, sugere otimizações, detecta erros. Mas a arquitetura de sistemas, o raciocínio lógico por trás de uma estrutura complexa, ainda requer um programador que entenda contexto e propósito. A IA pode acelerar processos, mas dificilmente substitui a capacidade humana de tomar decisões sobre qual caminho seguir, qual solução é mais eficiente.

O design gráfico passa pela mesma transição. As ferramentas conseguem gerar imagens, criar variações de cores e alinhar elementos automaticamente. Porém, um design não é só uma estética agradável: ele é carregado de intenção, de decisões baseadas em propósito, narrativa e identidade. O designer se torna menos executor e mais curador, orientando a tecnologia em vez de ser substituído por ela.

No direito, uma das áreas mais conservadoras no que diz respeito à adoção de novas tecnologias, contratos são analisados por algoritmos que detectam cláusulas problemáticas, processos são organizados automaticamente, pesquisas de jurisprudência são feitas em segundos. Só que um advogado não é apenas um analista de contratos. A argumentação, a negociação, a sensibilidade para interpretar uma situação específica, tudo isso ainda escapa às capacidades de uma máquina. A profissão não desaparece, se redefine.

SAIBA MAIS

Quando o erro é processual

Cada vez mais surgem episódios de advogados que confiaram em ferramentas automatizadas para elaborar peças jurídicas, mas acabaram apresentando jurisprudências e doutrinas que simplesmente não existem. Em vez de consultar bancos jurídicos reais, essas ferramentas alucinam trechos com aparência convincente, mas totalmente fictícios.

No direito, onde precisão e responsabilidade são indispensáveis, esse tipo de erro pode levar a sanções, multas e danos à reputação profissional.

Automatizar pode trazer agilidade, mas não substitui o discernimento humano. Rever, checar e validar continua sendo essencial. A inteligência artificial ainda depende da inteligência natural para que a produtividade não vire prejuízo.

No ensino, a IA pode corrigir redações, sugerir conteúdos personalizados, oferecer tutoria sob demanda. Mas aprender não é só engolir informações. O processo educativo é feito de diálogos, trocas, incentivos, dúvidas que não seguem padrões previsíveis. Professores podem integrar a tecnologia ao seu trabalho, usando a IA como uma aliada para otimizar tempo e entender melhor as dificuldades dos alunos. Mas a relação humana no aprendizado segue tendo um papel insubstituível.

A grande transição está acontecendo, está em processo, e a questão não é só quais empregos deixarão de existir, mas como as pessoas aprenderão a trabalhar junto com as máquinas. A IA não precisa ser apenas um substituto, pode ser uma ferramenta para produtividade. A diferença entre aqueles que perderão espaço e aqueles que se adaptarão pode estar na capacidade de transformar a inteligência artificial em aliada. Se antes a habilidade estava em saber executar uma tarefa, agora pode estar em saber direcionar a máquina, moldar o que ela cria, interpretar seus resultados.

SAIBA MAIS

Relatório: *Relatório sobre o futuro dos empregos* (2025)

O relatório, divulgado pelo Fórum Econômico Mundial, prevê que, até 2030, a IA poderá criar 170 milhões de novos empregos, enquanto 92 milhões podem ser extintos.

A IA generativa e as tecnologias de processamento de informações impulsionarão mudanças no modelo de negócios para nove em cada dez empregadores, e isso deve ocorrer nos próximos cinco anos. Profissões como caixas e balconistas, por exemplo, terão dificuldade de sobreviver, de acordo com o estudo.

Enquanto atualmente 47% das tarefas são realizadas exclusivamente por humanos e apenas 30% envolvem colaboração com máquinas, até 2030, segundo o relatório, essas proporções estarão praticamente equilibradas.

Se a transição está em andamento, nem todos atravessarão esse processo da mesma forma. Algumas pessoas terão acesso imediato às oportunidades que surgem, outras verão suas funções encolherem até desaparecer. O risco do desemprego estrutural é real, e ele não será distribuído de maneira uniforme. Setores em que a IA pode substituir não apenas tarefas, mas cadeias inteiras de trabalho, sentirão o impacto primeiro. Algumas empresas investirão na requalificação de funcionários. Outras, simplesmente cortarão custos.

Os trabalhadores menos qualificados serão os primeiros a sentir as consequências. Funções operacionais, repetitivas, de baixa complexidade, estão entre as mais ameaçadas. E, quando desaparecem, as alternativas são limitadas. O discurso da requalificação muitas vezes ignora fatores concretos: o aprendizado exige tempo e dinheiro, e nem todos têm estrutura para abandonar um emprego, ou sequer conseguem bancar um período de educação sem renda. Enquanto alguns conseguem se adaptar, outros ficam presos em uma realidade na qual as habilidades que possuíam não são mais necessárias e as que são exigidas parecem inacessíveis.

Nos países menos desenvolvidos, esse impacto se amplifica. Como vimos nos capítulos anteriores, automação e a IA são projetadas em centros de tecnologia, desenvolvidas em países que têm recursos para investir nesse avanço. As economias menos industrializadas, que dependem de mão de obra barata e de funções que agora são substituíveis, têm pouca margem de manobra. Quando empregos desaparecem, novas funções nem sempre surgem na mesma velocidade e, quando surgem, estão muitas vezes concentradas em setores que exigem formação especializada, domínio de ferramentas tecnológicas, acesso a um tipo de aprendizado que não está ao alcance de todos.

Mesmo nos países mais desenvolvidos, a desigualdade se intensifica. Há aqueles que podem pagar por cursos, que têm tempo para estudar e se adaptar às novas exigências do mercado. E há os que não podem. Há uma diferença brutal entre ter a capacidade teórica de aprender algo novo e ter as condições reais para isso. A falta de acesso à capacitação tecnológica aprofunda o abismo social, ampliando a distância entre aqueles que conseguem acompanhar as mudanças e aqueles que ficam como abandonados pelo caminho.

A tecnologia sempre teve o potencial de transformar o trabalho. Porém, agora, a velocidade dessa transformação impõe desafios que não podem ser ignorados. A automação pode até significar progresso, mas sem políticas públicas eficazes, sem estratégias para garantir que a requalificação seja realista e acessível, ela também significa exclusão. E essa é uma escolha que ainda está sendo feita. Estamos trocando os pneus com o carro andando.

PARA REFLETIR

Seu trabalho sobrevive à IA?

Pense no seu trabalho, ou no trabalho que você imagina ter no futuro. Agora, olhe ao redor. Veja os computadores, os aplicativos, as ferramentas on-line que fazem coisas que antes exigiam esforço humano. O que isso significa para você?

Aqui estão dez afirmações. Marque um ponto para cada uma que descreva sua realidade, imediata ou próxima.

1. A inteligência artificial já consegue realizar parte das tarefas do meu trabalho.
2. Meu setor tem adotado IA para otimizar processos ou reduzir custos.
3. A maior parte das minhas tarefas segue padrões ou regras bem definidas.
4. A IA já está sendo usada para substituir ou reduzir a necessidade de profissionais na minha área.
5. Minhas decisões diárias são baseadas mais em dados e padrões do que em julgamento subjetivo.
6. A IA pode executar tarefas que antes exigiam conhecimento técnico especializado na minha profissão.
7. Meu trabalho exige pouca criatividade ou pensamento crítico na maior parte do tempo.
8. Já vi empresas do meu setor usando IA para fazer tarefas que antes eram feitas manualmente.
9. Se eu ficasse fora do trabalho por um mês, um sistema de IA poderia assumir boa parte das minhas funções.
10. A IA pode tornar meu trabalho menos necessário ou menos valorizado nos próximos anos.

Agora, veja seu resultado.

<u>Se você marcou 3 pontos ou menos:</u>

Seu trabalho está seguro, por enquanto. As máquinas ainda não conseguem fazer o que você faz. Seu trabalho exige intuição, criatividade, talvez até empatia. Mas isso não significa que nada vai mudar. A IA pode não substituir você, mas pode estar ao seu lado em breve. O que você pode aprender agora que tornaria essa relação mais produtiva?

Se você marcou entre 4 e 6 pontos:

Seu trabalho está no meio do caminho. A IA ainda não tomou seu lugar, mas já está moldando como as coisas são feitas. Talvez algumas partes do seu trabalho fiquem mais fáceis, mais rápidas. Talvez outras deixem de existir. Isso não é necessariamente ruim – significa que você pode se adaptar. A pergunta é: você está prestando atenção?

Se você marcou 7 pontos ou mais:

Seu trabalho está mudando rápido. Talvez você já tenha notado, talvez não. Mas os algoritmos estão chegando e aprendendo a fazer aquilo que, até pouco tempo, só humanos sabiam fazer. Isso não significa que tudo está perdido, mas que ignorar essa mudança pode custar caro. Se a IA pode fazer parte do seu trabalho, o que sobra para você? O que só você pode fazer?

8.

O IMPACTO DA IA NO TRABALHO II

Imagem gerada com IA via Midjourney versão 6.

Se você tivesse que escolher um trabalho agora, apostaria em algo que já existe ou em algo que ninguém sabe ainda que precisa?

Se uma máquina faz mais rápido aquilo que você passou anos aprendendo, o que ainda faz de você um bom profissional?

Enquanto algumas profissões se tornam menos necessárias, outras, antes inexistentes, surgem como oportunidades reais. Isso não significa apenas a criação de empregos novos, mas também uma transformação na forma como trabalhamos. E essa mudança não acontece de um dia para o outro, claro. As pessoas continuam saindo de casa de manhã cedo, enfrentando o trânsito, batendo ponto. Alguns têm a sorte (dependendo do ponto de vista) de trabalhar remotamente, algo que se tornou mais comum no mundo pós-pandemia. Outros continuam apertando parafusos em fábricas, organizando mercadorias em depósitos, atendendo clientes em lojas. Continuam lavando pratos em restaurantes, dirigindo caminhões por estradas, entregando pacotes na porta das casas, indo para escritórios, abrindo planilhas, respondendo a e-mails e mensagens no WhatsApp, no Teams, no Slack... A rotina do trabalho, na maior parte das vezes, ainda não parece tão diferente do que era no século passado. Porém, por trás desse cotidiano familiar, há algo se rearranjando. Um deslocamento que talvez só fique evidente quando olharmos para trás, no futuro (que pode ser próximo), e nos dermos conta de que certas funções simplesmente desapareceram — não de maneira dramática, mas por obsolescência gradual. E outras tantas surgiram e surgirão.

Como vimos no capítulo anterior, a inteligência artificial parece estar no centro dessa mudança. Ao contrário do que algumas previsões possam sugerir, não se trata somente de um confronto direto entre máquinas e humanos, como se um grupo precisasse substituir o outro. Pode ser mais um processo de fusão ou criação. O mercado de trabalho do futuro não será somente dividido entre aqueles que programam máquinas e aqueles que são substituídos por elas. A linha é menos nítida e tem nuances.

Se a automação com a IA marca o fim de algumas funções, ela também abre portas para outras habilidades, que antes não eram tão valorizadas, ou sequer existiam. Não se trata apenas de preservar empregos, mas de imaginar novas formas de criar valor. A inteligência artificial não é apenas uma ferramenta de substituição, mas pode também ser de ampliação.

Vamos explorar algumas profissões que já existem no mercado graças à IA.

O ENGENHEIRO DE MACHINE LEARNING

Esse é um profissional que projeta, treina e ajusta modelos. Não basta entender apenas de matemática e de estatística – ainda que isso seja fundamental: ele precisa transformar teoria em produto, modelos abstratos em soluções reais, e esse processo raramente é simples. Primeiro, há os dados, que ele pode ou não receber de um cientista de dados. E então, se não receber esse material já organizado e tratado, pronto para ser usado no treinamento do modelo, ele mesmo precisa fazer esse trabalho, limpar os dados, estruturar as variáveis, garantir que há informação suficiente e que ela está no formato adequado para a máquina aprender algo útil. Depois, vem a escolha do modelo. Não existe um único algoritmo que funcione para tudo. Redes neurais profundas? Modelos probabilísticos? Métodos de regressão? Cada problema pede uma abordagem diferente. Escolher errado significa desperdiçar tempo, dinheiro e processamento. Mesmo depois de treinar um modelo, o trabalho não termina. Modelos erram. Precisam ser refinados, ajustados, testados em novos contextos. Os sistemas de machine learning são vivos, mudam juntos com os dados. No mundo real, esse trabalho se traduz em, por exemplo, sistemas de recomendação que sabem exatamente o que você quer assistir antes mesmo de você decidir, algoritmos que detectam fraudes, carros autônomos que distinguem um pedestre de um poste. O engenheiro de machine learning está por trás dessas decisões.

O ENGENHEIRO DE PROMPT

Esse profissional não é um programador tradicional, não escreve código do zero (na maioria das vezes), nem treina modelos complexos. Seu trabalho é construir perguntas e comandos que fazem a inteligência artificial responder da maneira mais útil possível. Como quem aprende a falar com precisão para ser bem compreendido, ele refina as palavras, ajusta estruturas, experimenta abordagens diferentes. O objetivo é sempre o mesmo: obter respostas melhores. Isso pode significar tornar um chatbot mais natural, mais próximo da experiência de falar como um humano; desenvolver instruções que levam a IA a produzir textos coerentes, diretos, sem redundâncias desnecessárias; ou, ainda, otimizar comandos, para que a máquina escreva um código funcional, sem erros óbvios e inconsistências. Muitas vezes, ele também atua na documentação dessas interações, criando diretrizes para que outras pessoas e equipes aprendam a fazer a IA trabalhar a seu favor. Na prática, tudo isso se traduz em situações do dia a dia. Por exemplo: uma empresa quer um assistente virtual eficiente para se comunicar com os clientes. Se os comandos não forem bem desenhados, as respostas parecerão artificiais, confusas ou genéricas demais. É neste ponto que o engenheiro de prompt entra para testar diferentes formas de perguntar, ajustar a lógica, fazer com que as respostas tenham fluidez. Em outro contexto: se um time de marketing precisa de textos para redes sociais, a IA pode gerá-los. Porém, sem as instruções certas, eles serão monótonos ou irrelevantes. Com um prompt bem construído, o texto vem pronto, estruturado, com o tom exato que se espera.

O CIENTISTA DE DADOS

Este profissional é um explorador: ele começa sua tarefa com uma pergunta e tenta encontrar padrões ocultos nos dados para respondê-la. Seu trabalho envolve coletar, limpar, analisar e interpretar dados, muitas vezes usando estatística e machine learning. Ele está preocupado com insights e com a tomada de decisões baseada em dados. Para isso, pode usar desde modelos simples de regressão linear até redes neurais complexas. Seu objetivo não é necessariamente criar modelos otimizados, como o engenheiro de machine learning. Ele quer entender o que os dados dizem e como transformar essa informação em algo útil para o negócio. Um cientista de dados em uma empresa testa hipóteses, cria modelos preditivos e apresenta relatórios para os tomadores de decisão.

O EDITOR DE IA

Os textos gerados por inteligência artificial costumam ser mecanicamente coerentes, mas podem soar genéricos, sem sutileza ou uma voz autêntica. O editor de IA é o profissional que refina esses textos, ajustando estilo, fluidez e intencionalidade. Entre outubro e novembro de 2024, a Thomson Reuters Foundation conduziu uma pesquisa sobre o impacto da IA no jornalismo do Sul Global e de economias emergentes, reunindo respostas de profissionais de mais de 70 países. O estudo buscou entender como a IA está sendo utilizada nas redações e quais os desafios nessa empreitada. Os resultados mostram que mais de 80% dos jornalistas já incorporaram ferramentas de IA ao trabalho diário, principalmente para transcrição e tradução, geração e edição de textos e análise de dados com checagem de fatos. Apesar disso, há a dúvida quanto à confiabilidade dessa ajuda automatizada, receio em relação à disseminação de desinformação e à perda da autenticidade do jornalismo. A pesquisa também aponta obstáculos na implementação da IA no setor. Um dos principais problemas é a ausência de diretrizes editoriais formais: apenas 13% dos jornalistas afirmaram que seus locais de trabalho contam com políticas claras sobre o uso da tecnologia. Outra questão é a falta de treinamentos estruturados, o que obriga muitos profissionais a aprender sozinhos como usar a IA no dia a dia. Existe também um temor crescente de que a automação excessiva possa comprometer a criatividade e o pensamento crítico, tornando o jornalismo mais padronizado e menos inovador. Além disso, como a maioria das ferramentas de IA é treinada com dados ocidentais, há um risco real de perpetuação de vieses e estereótipos culturais, afetando a precisão das informações publicadas. A pesquisa também traz recomendações específicas para diferentes atores do setor, como: os jornalistas precisam buscar aprendizado contínuo sobre IA e seu uso ético; e editores devem estabelecer diretrizes claras e ter treinamentos adequados.

O ANALISTA DE CHATBOT COM IA

Seu trabalho é entender como as pessoas se comunicam, prever intenções, testar variações de diálogo e garantir que a interação entre humanos e máquinas seja o mais fluida possível. Em um mundo no qual conversamos com assistentes virtuais para resolver problemas bancários, marcar consultas médicas, exames clínicos ou até pedir comida, ele está nos bastidores, garantindo que essas conversas façam sentido.

O processo começa antes mesmo do primeiro usuário enviar uma mensagem. Qual é o objetivo do chatbot? Ele deve resolver problemas técnicos? Responder a perguntas frequentes? Vender produtos? O analista precisa mapear esses cenários e definir fluxos de conversa que sejam naturais, eficientes e, ao mesmo tempo, diretos. Se o chatbot parecer muito robótico, o usuário se frustra. Se for informal demais, pode soar pouco profissional. Encontrar esse equilíbrio é um desafio constante. Ele também trabalha com IA e processamento de linguagem natural (NLP), para que o chatbot aprenda com interações anteriores e se torne mais preciso ao longo do tempo. Modelos de machine learning podem ser incorporados, mas sempre sob supervisão humana, pois o chatbot não pode responder aos clientes de forma errada ou inadequada. No dia a dia, o trabalho desse profissional está por toda parte. Por exemplo: no atendimento automatizado de um banco, que resolve problemas sem precisar de um humano na linha; no assistente virtual de uma loja, que ajuda o cliente encontrar o que procura; e nos bots de redes sociais, que interagem com usuários sem que eles percebam que estão falando com um programa.

O ESPECIALISTA EM ANÁLISE PREDITIVA

É aquele que transforma dados históricos em previsões sobre o futuro. Mas ele não lê cartas de tarô, nem faz adivinhações; seu trabalho é baseado em estatística, machine learning e modelagem matemática. Por meio de dados, ele deve ajudar empresas e organizações a antecipar tendências, prever riscos e tomar decisões estratégicas com base em probabilidades calculadas. A análise preditiva é usada em diversos setores: finanças, saúde, varejo, política, segurança e marketing são alguns deles. Seu trabalho envolve: coletar e preparar dados históricos; desenvolver modelos estatísticos e de machine learning (usando regressões, séries temporais, redes neurais e outras técnicas para criar previsões com base em padrões passados); testar e validar modelos (o especialista mede a eficácia das previsões, ajusta hiperparâmetros e escolhe os melhores algoritmos); interpretar os resultados (de nada adianta um modelo preditivo se ninguém entende suas conclusões); e automatizar previsões e criar dashboards (muitas previsões precisam ser feitas em tempo real ou de forma recorrente). O especialista desenvolve processos automatizados para manter as análises atualizadas e monitorar o desempenho dos modelos.

SAIBA MAIS

Relatório: *Relatório sobre o futuro dos empregos* (2025)

Segundo o relatório, estas são algumas das áreas de maior crescimento para os próximos anos:

Tecnologia

- especialistas em big data;
- engenheiros de fintech;
- especialistas em IA e aprendizado de máquina;
- desenvolvedores de software e aplicativos.

Transição verde/energia

- especialistas em veículos autônomos e elétricos;
- engenheiros ambientais;
- engenheiros de energia renovável.

Economia do cuidado

- profissionais de enfermagem;
- assistência social e aconselhamento;
- auxiliares de cuidados pessoais.

Educação

- professores de ensino secundário e superior.

Funções de linha de frente

- trabalhadores rurais;
- motoristas de entrega;
- trabalhadores da construção;
- vendedores;
- trabalhadores do processamento de alimentos.

Mas há também os trabalhos que ainda nem existem — assim como, na virada do século XX, ninguém imaginava que um dia haveria desenvolvedores de aplicativos, analistas de redes sociais ou especialistas em segurança digital, agora estamos diante de um futuro em que algumas funções ainda nem foram nomeadas.

Em breve, poderemos ter "terapeutas" para robôs, pessoas encarregadas de monitorar o comportamento de inteligências artificiais complexas, evitando que sistemas automatizados desenvolvam padrões indesejados. Também será necessário que existam tradutores de linguagem de máquina, profissionais que consigam interpretar, simplificar e adaptar as decisões de sistemas inteligentes para que sejam compreensíveis para não especialistas.

Algumas profissões ganharão novos papéis. Um escritor pode se tornar um diretor de histórias geradas por IA, orientando modelos de linguagem para produzir roteiros de filmes, diálogos interativos para jogos ou até livros sob demanda. Arquitetos podem trabalhar como designers de ambientes virtuais, criando espaços para realidades simuladas que um dia serão tão visitadas quanto as cidades físicas.

Se há algo claro sobre esse futuro, é que ele não será feito apenas por programadores. Mas também não será para quem ignora como essa tecnologia funciona. O mercado de trabalho não vai exigir que todo mundo se torne especialista em IA, mas vai separar aqueles que sabem usar a tecnologia a seu favor dos que ficam para trás. E, para isso, não importa a área, algumas habilidades são essenciais.

O primeiro ponto é entender a lógica por trás das máquinas. Isso não significa se tornar um engenheiro de software, mas aprender como sistemas inteligentes funcionam. Como um algoritmo toma decisões? O que faz com que um modelo de IA cometa erros? De onde vêm os dados que ele usa? Você não precisa ser um desenvolvedor, mas deve ser capaz de perguntar, interpretar e testar.

Quem sabe fazer as perguntas certas para a tecnologia terá mais espaço do que quem apenas a usa sem entender o que está por trás.

Depois, vem o diferencial humano. Criatividade, interpretação, pensamento crítico e empatia são habilidades que ainda escapam das máquinas e que, por isso, se tornam mais valiosas. Quanto mais mecânico um trabalho for, mais fácil será automatizá-lo. Quanto mais ele exigir raciocínio estratégico, subjetividade e adaptação, mais difícil será substituí-lo. Um advogado que apenas processa contratos pode ser trocado por um algoritmo. Um advogado que entende de tecnologia, que sabe usar ferramentas de automação e que consegue interpretar casos com inteligência emocional e estratégia, não. O mesmo vale para jornalistas, médicos, publicitários. O mercado não vai eliminar as profissões, mas vai exigir que elas mudem.

E aqui entra o ponto mais prático: para qualquer área, existe um combo mínimo de habilidades técnicas que fazem diferença. Estatística e análise de dados deixaram de ser coisa só de matemáticos. Saber interpretar gráficos, entender correlações, conhecer lógica probabilística, tudo isso virou básico para quem quer trabalhar com informação de qualquer tipo. Jornalistas que sabem checar dados e usar IA para investigações terão vantagem; economistas que dominam estatística e aprendizado de máquina vão conseguir prever cenários de mercado com mais precisão; médicos que analisam grandes volumes de dados para tomar decisões estarão à frente daqueles que confiam apenas na intuição.

E isso nos leva à linguagem do mundo digital. Não importa se a pessoa é de humanas, exatas ou biológicas: aprender a lidar com programação em algum nível virou uma vantagem competitiva. Isso não significa que todo profissional deva se tornar um programador, mas aprender Python ou R já não é mais um diferencial restrito a desenvolvedores. Um historiador que sabe programar pode analisar milhares de documentos em segundos. Um biólogo que domina machine learning pode encontrar padrões genéticos que seriam impossíveis de detectar manualmente. Um publicitário que sabe automatizar campanhas com IA tem mais chances de criar estratégias eficazes do que um que trabalha no modelo antigo, analógico.

O futuro do trabalho não está dado, mas algumas coisas já são claras. Não basta só ser bom na própria área. O mercado vai premiar quem souber combinar conhecimento específico com tecnologia. As profissões não vão desaparecer do dia para a noite, mas vão mudar. E quem souber navegar por essa mudança terá mais espaço do que quem apenas espera para ver o que acontece.

PARA REFLETIR

O mercado, ao menos num futuro próximo, não será dividido entre quem programa e quem é substituído. Mas será entre aqueles que sabem integrar tecnologia ao seu trabalho e aqueles que esperam que nada mude.

Aprender conceitos de estatística e análise de dados não é mais opcional. Saber interpretar informações, cruzar referências e entender padrões se tornou uma habilidade essencial para qualquer profissão.

Conhecer ao menos o básico de programação (Python, R, SQL) pode abrir portas. Você não precisa ser um desenvolvedor, mas entender como automatizar tarefas ou estruturar dados pode ser um diferencial competitivo.

Criatividade, interpretação e pensamento crítico continuam sendo essenciais. Quanto mais humano for seu trabalho, mais difícil será automatizá-lo. Mas isso não significa que ele não vá mudar.

9.

AS QUESTÕES ÉTICAS DA IA

Imagem gerada com IA via Midjourney versão 6.

Em novembro de 2021, a Unesco estabeleceu a primeira estrutura normativa global para a ética da IA. O acordo tenta responder a uma questão essencial: como guiar uma tecnologia que já permeia todos os aspectos da vida moderna, dos diagnósticos médicos à vigilância estatal, sem permitir que ela amplifique desigualdades e fragilize direitos fundamentais? Um documento, chamado *Recomendação sobre a ética da Inteligência Artificial* tentou responder a essa questão (Unesco, 2022).

No entanto, um documento, por mais ambicioso que seja, não pode conter todas as combinações do mundo real. No final, as diretrizes precisam sobreviver ao choque da implementação e aos interesses econômicos e políticos que moldam o próprio desenvolvimento da IA. A promessa da Unesco é monitorar e cobrar avanços, mas a história mostra que princípios éticos, quando confrontados com os imperativos do progresso tecnológico e do lucro, muitas vezes se tornam flexíveis.

Na justiça, um número pode selar o destino de um réu antes mesmo do juiz abrir a boca. O advogado argumenta, o acusado tenta explicar. Mas no canto da tela há um número, e o número diz que ele tem alta probabilidade de cometer outro crime. Como discutir com um número?

SAIBA MAIS

Justiça automatizada

Em países como Estados Unidos e Estônia, algoritmos já ajudam a tomar decisões judiciais. Nos EUA, sistemas como o COMPAS calculam o risco de uma pessoa voltar a cometer crimes, e esses números influenciam decisões sobre fiança e liberdade condicional. Na Estônia, os cidadãos podem ir à Justiça para questionar pequenas causas contratuais (casos com valor inferior a € 7 mil) perante um computador.

Na saúde, um médico pode olhar para uma tela e dizer: "O exame sugere isso". Mas o exame é apenas uma interpretação de padrões. Alguém pode estar doente sem que a análise tenha percebido. Ou até mesmo pode estar saudável e ser convencido do contrário.

No mercado de trabalho, há quem envie dezenas de currículos sem receber uma resposta sequer. Não há ninguém do outro lado da linha, só um filtro invisível, descartando o que não se encaixa. "Procuramos pessoas com perfil compatível", diz a resposta automática. Mas compatível com o quê?

Nos bancos, um financiamento negado pode não ter explicação clara. O cliente pergunta o motivo. O atendente olha a tela, desconfortável. "São critérios internos", ele diz, sem saber muito bem o que isso significa.

Essas decisões vêm de algum lugar. Foram feitas por alguém, programadas, refinadas. O médico confia na análise porque foi gerada por um sistema confiável. O juiz segue a recomendação do risco porque é baseada em estatísticas. O banco rejeita um pedido porque o perfil do cliente não corresponde ao que foi estabelecido como ideal. Mas o que está por trás dessas informações e sugestões?

Nenhum desses processos acontece no vácuo. Eles são feitos com base em dados — arquivos de tribunal, históricos médicos, registros financeiros e currículos anteriores, por exemplo. Porém os dados não falam sozinhos; alguém precisa organizá-los, interpretar o que significam, definir o que é um bom ou um mau sinal, quem tem mais chances de reincidir, quem tem mais risco de inadimplência, quem merece ser chamado para uma entrevista. A lógica dessas decisões não é neutra.

No tribunal, o risco de reincidência não é um fato isolado. Ele vem de um histórico de decisões passadas, que carregam falhas, distorções e preconceitos que existem no sistema judiciário. Se certas populações foram presas e condenadas de maneira desproporcional ao longo das décadas, o histórico que alimenta essas previsões já nasce enviesado. O que os cálculos fazem não é prever o futuro, mas ressaltar um padrão do passado.

Nos hospitais, exames são comparados a um banco de dados de milhões de imagens e casos anteriores. Se a maioria dessas imagens veio de um grupo populacional específico — um determinado país, uma faixa etária, um gênero, uma etnia —, qualquer um que estiver fora desse perfil pode ser mal diagnosticado. O sistema erra porque nunca aprendeu a analisar corpos que não pareciam com os que ele conhecia; faltam dados de populações que não foram alvo de determinadas pesquisas.

No banco, o histórico de crédito não é um número isolado. Ele vem de um sistema financeiro que há décadas oferece melhores condições para certos perfis de clientes. Se pessoas de baixa renda sempre tiveram mais dificuldades para conseguir crédito, seus históricos naturalmente refletem isso. Então, quando um sistema automatizado avalia uma nova solicitação, ele não pergunta "esta pessoa pode pagar?". Ele pergunta "esta pessoa se parece com as que conseguiram pagar no passado?".

E, assim, decisões automáticas criam círculos viciosos. Elas não apenas refletem o mundo como ele é; elas o repetem, o amplificam. E elas não são invisíveis porque são complexas, mas porque quase nunca paramos para olhá-las de perto.

E se um juiz questionasse os cálculos que lhe são entregues? Se um médico desconfiasse de uma resposta pronta? Se um gerente de banco tivesse que justificar cada recusa com base em algo que um cliente pode compreender?

Talvez, então, perceberíamos que o problema não é que as máquinas tomam decisões, mas entender como elas chegam aos veredictos.

Tudo o que exploramos até agora — sentenças que parecem inevitáveis, diagnósticos que não oferecem alternativa, decisões bancárias sem explicação — tem nome. Dois nomes, na verdade: **viés** (*bias*, em inglês) e **explicabilidade**.

Esses conceitos são centrais para entender as razões pelas quais algumas decisões automatizadas parecem tão definitivas e inquestionáveis. Eles explicam não apenas como essas decisões são tomadas, mas também por que é tão difícil questioná-las.

Viés não é um erro de programação, e nem sempre é intencional. Ele surge porque os sistemas aprendem com dados históricos e padrões sociais, e esses dados refletem um mundo marcado por desigualdades. Quando uma máquina é treinada com decisões do passado, ela acaba reproduzindo as mesmas distorções. Além disso, quem projeta esses sistemas também carrega visões de mundo, escolhas e filtros que influenciam o resultado.

Em 2015, um usuário do Google Photos percebeu que o programa rotulava seus amigos negros como gorilas. O erro, claramente racista, expôs uma falha fundamental na inteligência artificial da plataforma, que não conseguia distinguir rostos de pessoas negras. O Google se desculpou e prometeu corrigir o problema. O viés racista do algoritmo era tão profundo que a "solução" encontrada, implementada em 2018 pela empresa, foi impedir por completo o programa de usar termos como "gorila" ou "macaco" para identificar fotos - mesmo nas que de fato continham os animais.

Em 2018, a Amazon precisou abandonar um sistema de recrutamento automatizado que havia desenvolvido para selecionar candidatos a empregos. O modelo, treinado com currículos de candidatos aprovados nos anos anteriores, começou a desvalorizar candidaturas femininas. O motivo? O próprio mercado de tecnologia tem um histórico predominantemente masculino. Como a maioria dos contratados no passado eram homens, o sistema aprendeu que ser homem era um fator de sucesso e, inconscientemente, começou a punir currículos que mencionavam palavras como "líder de equipe feminina" ou "capitã do time de vôlei feminino".

Outro caso famoso aconteceu em 2019, quando um algoritmo usado por hospitais nos Estados Unidos para prever quais pacientes precisavam de mais cuidados médicos começou a discriminar pacientes negros. O sistema baseava suas decisões no histórico de gastos médicos anteriores. Historicamente, pacientes negros tinham menos acesso a cuidados médicos e gastavam menos com saúde, não porque precisavam menos, mas porque tiveram menos oportunidades. O sistema, então, entendeu que pacientes negros eram menos prioritários do que pacientes brancos em situações semelhantes.

Esses exemplos mostram que o problema do viés não está apenas nos dados usados para treinar os modelos, mas também na forma como definimos sucesso ou mérito. Se o critério para selecionar um candidato ou aprovar um empréstimo for apenas "parece com quem já foi aprovado antes", estamos apenas reproduzindo o passado, e não construindo algo novo.

E se o viés é um problema que foca mais nos dados, a explicabilidade é um problema de acesso. Hoje, muitas decisões são baseadas em cálculos que nem mesmo os especialistas conseguem explicar completamente. Isso também tem um nome: o problema da caixa-preta.

Em 2020, o Reino Unido precisou revogar um sistema de avaliação automatizada de notas escolares. Como os exames presenciais foram cancelados devido à pandemia, o governo decidiu usar um modelo matemático para prever as notas dos alunos com base no desempenho médio das escolas. Mas estudantes de escolas públicas de regiões mais pobres foram punidos pelo histórico escolar da instituição. Mesmo alunos que normalmente tirariam notas altas foram rebaixados simplesmente porque estudavam em escolas com desempenho historicamente mais baixo. O sistema estava replicando desigualdades sem que ninguém pudesse contestar o cálculo.

Outro exemplo do problema de explicabilidade são as chamadas "alucinações" em modelos de linguagem como o ChatGPT. Como já vimos, esses sistemas são teoricamente desenvolvidos para produzir respostas coerentes e relevantes com base nas informações que recebem. Mas há momentos em que eles oferecem respostas que soam confiáveis, mas que, na realidade, não têm fundamento algum.

Quando questionados sobre fatos específicos, esses modelos podem inventar detalhes ou fornecer informações imprecisas, sem qualquer base real. O problema é que a resposta pode parecer estruturada e lógica, como se tivesse sido verificada, o que torna difícil para o usuário perceber que está incorreta.

A falta de transparência nos processos internos desses modelos, principalmente para a maioria que não respira o mundo da tecnologia, torna ainda mais complicado entender por que essas alucinações acontecem e, mais do que isso, dificulta a criação de mecanismos eficazes para evitar que continuem acontecendo.

E não para por aí. A coleta de dados que alimenta tudo isso não acontece apenas para decisões automatizadas: ela acontece o tempo todo, em escala massiva, e muitas vezes sem que as pessoas sequer saibam que fazem parte desse processo.

No início, como já vimos em capítulos anteriores, a justificativa era a conveniência. Serviços personalizados, recomendações sob medida, anúncios mais relevantes, pequenos pedaços de informação sendo registrados e cruzados para oferecer algo que, na teoria, beneficiaria o usuário. Mas a linha entre utilidade e invasão foi desaparecendo aos poucos, até que a coleta de dados se tornou um sistema operacional invisível, integrado a quase todas as interações que realizamos.

A questão também está não apenas no que escolhemos compartilhar, mas no que é registrado sem que saibamos. Nosso telefone armazena nossa localização em tempo real, mesmo quando o GPS está desligado. Sensores biométricos capturam padrões faciais e de voz para destravar dispositivos, mas essas mesmas informações são utilizadas para treinar bancos de dados que podem ser acessados por governos e corporações.

As câmeras de segurança espalhadas por ruas e prédios reconhecem rostos e comportamentos sem que ninguém tenha autorizado isso explicitamente. A vigilância não precisa ser ostensiva para ser eficaz. Seu verdadeiro poder está na sua invisibilidade.

Em 2021, foi revelado que jornalistas, ativistas e até chefes de Estado estavam sendo monitorados por um software chamado Pegasus, desenvolvido pela empresa israelense NSO Group. O Pegasus não é do tipo de um vírus comum, não precisa que a vítima clique em um link suspeito ou baixe um arquivo malicioso. Ele pode invadir um celular sem que o usuário perceba, explorando vulnerabilidades desconhecidas no sistema operacional. Uma vez instalado, o Pegasus acessa mensagens, ligações, e-mails, fotos e até a câmera e o microfone do aparelho, permitindo que um terceiro observe e ouça tudo sem que a pessoa perceba.

Os governos que compraram essa tecnologia alegaram que seu uso era para combater o terrorismo e o crime organizado. Mas investigações mostraram que o Pegasus foi usado para vigiar opositores políticos, jornalistas investigativos e advogados de direitos humanos em diversos países.

O impacto disso vai além da violação de privacidade. Quando um jornalista não pode mais garantir que suas fontes estão seguras, a imprensa perde sua função de fiscalização do poder. Quando um ativista teme que sua comunicação esteja sendo monitorada, ele pode desistir de organizar protestos ou denunciar abusos. Quando um advogado sabe que está sendo vigiado, sua capacidade de defender um réu se reduz. A vigilância, nesses casos, não é apenas um meio de obter informações, mas uma forma de sufocar qualquer antagonismo e controlar acontecimentos.

Em várias cidades do mundo, sistemas de reconhecimento facial foram implementados para fins de segurança pública. O argumento principal é o de identificar criminosos mais rapidamente, evitar ameaças antes que aconteçam. Mas o uso dessa tecnologia levantou preocupações sérias sobre erros, vieses e abuso de poder.

A tecnologia de reconhecimento facial falha mais frequentemente com pessoas negras, asiáticas e indígenas, porque os bancos de dados que treinam esses sistemas foram alimentados principalmente com imagens de pessoas brancas. Isso significa que grupos já marginalizados socialmente são desproporcionalmente afetados por erros de vigilância, reforçando um ciclo de criminalização sem fundamento. Além disso, há o problema da normalização da vigilância. Uma vez que as câmeras podem identificar indivíduos automaticamente, quem decide como esses dados serão usados? Se o mesmo sistema que identifica criminosos pode identificar manifestantes em um protesto, o que impede que governos utilizem essa tecnologia para reprimir opositores políticos? Esse não é um risco teórico. Em Hong Kong, manifestantes começaram a usar máscaras e óculos escuros para evitar serem rastreados por câmeras do governo, que usavam reconhecimento facial para identificar e prender ativistas pró-democracia. O risco aqui não é apenas a precisão da tecnologia, mas o que ela representa: um mundo no qual qualquer pessoa pode ser monitorada o tempo todo, sem saber, sem ter controle, sem poder escapar.

A vigilância invisível não apenas compromete a privacidade individual como pode mudar o comportamento das pessoas. A privacidade está sendo corroída aos poucos, sob a justificativa de segurança, conveniência ou inovação tecnológica.

SAIBA MAIS

Livro: *A ética da inteligência artificial* (2023)

Escrito pelo filósofo italiano Luciano Floridi, diretor do Centro de Ética Digital de Yale, o livro propõe que a grande virada ética da IA não está na inteligência, mas na capacidade de agir. O foco, segundo ele, não deveria ser o que as máquinas pensam, mas o que elas fazem – e o que nós fazemos com elas. A obra convida a repensar o papel humano: não como quem é substituído, mas como quem precisa "pastorear" a tecnologia.

PARA REFLETIR

Mas é possível mudar isso tudo?

Não há uma resposta única. Diferente de outras revoluções, essa não acontece no plano físico, mas em algo menos tangível: os dados, a informação, a capacidade de rastrear, prever, classificar e controlar. Isso significa que a resistência também não é óbvia. Não há um único ponto de ataque, uma legislação que resolva tudo, um botão que, ao ser apertado, recupere o que já foi cedido. A única resistência possível é a consciência do problema e a recusa em aceitar que a tecnologia deve ser um destino inevitável, em vez de uma ferramenta que ainda pode ser moldada.

É possível regular o uso de IA para decisões críticas? Alguns países já estão tentando. Mas, historicamente, a legislação sempre caminha atrás da tecnologia. O que pode ser proibido hoje pode encontrar outra forma de existir amanhã. O que nos leva a um segundo ponto: o direito de entender e questionar. Se a automação tornou certas decisões invisíveis, então talvez a resposta esteja na transparência, em exigir explicações. Podemos questionar quando um financiamento é negado sem justificativa, quando um currículo é descartado sem motivo claro, quando um diagnóstico médico é entregue sem que um profissional tenha olhado para o paciente. Mas o direito de questionar só existe se houver consciência do que está acontecendo. E é isso que está em jogo. Se os dados são o novo poder, então o maior risco não está apenas em quem os controla, mas na quantidade de pessoas que nem percebem que estão sendo controladas. A única forma de resistir é não esquecer que isso tudo está acontecendo. Não aceitar que a tecnologia deva ser uma entidade inquestionável, um sistema que nos molda sem que possamos moldá-lo de volta. Porque o maior perigo da vigilância, das decisões automatizadas, da erosão da privacidade, não é apenas o que está sendo feito com os dados agora. É o que se tornará normal. É o que deixaremos de perceber. É o momento em que pararemos de perguntar.

10.

LEIS, REGRAS E LIMITES DA IA

Imagem gerada com IA via Midjourney versão 6.

Sabemos quem cria a inteligência artificial. Falamos sobre os pesquisadores pioneiros, as empresas de tecnologia que investem bilhões nessa corrida e os governos que tentam acompanhar o ritmo. Já citamos também os impactos duvidosos e negativos da inteligência artificial e exploramos como ela pode ampliar desigualdades, reforçar preconceitos e mudar completamente o mercado de trabalho. Falamos ainda sobre o perigo do viés, o medo de que máquinas assumam o controle e a maneira como essa tecnologia se entrelaça com nossas vidas de formas tão sutis que às vezes nem percebemos. Mas, e agora? O que se faz com tudo isso?

Este capítulo é justamente sobre isso: as ações que estão sendo tomadas para regular a IA e as que ainda precisam ser tomadas. E tudo indica que novas e novas ações serão sempre necessárias conforme se desenvolve feericamente essa tecnologia.

Quando se trata de regulamentar a inteligência artificial, um dos maiores desafios é acompanhar o ritmo intenso com que as coisas mudam. As leis costumam surgir lentamente, precisam de debates, consultas e negociações. E, como já vimos, a IA é um organismo vivo, que evolui e muda a cada dia. Chegamos ao ponto de que uma regra criada hoje pode não fazer sentido amanhã, simplesmente porque surgiu uma nova tecnologia que ninguém havia previsto. Por isso, as regulamentações precisam ser constantemente revistas, alteradas ou até mesmo descartadas. Antes de olhar para o que algumas localidades do mundo estão fazendo, precisamos ter em mente que essas leis são tentativas provisórias, esforços de acompanhar algo que nunca fica parado. E talvez, enquanto você estiver lendo este livro, elas já tenham mudado novamente.

A União Europeia assumiu a dianteira na regulamentação da IA com a aprovação da Lei de Inteligência Artificial (AI Act), em março de 2024. A proposta, aprovada pelo Parlamento Europeu, tem quatro objetivos principais: garantir que os sistemas de inteligência artificial disponibilizados no mercado europeu sejam seguros e respeitem a legislação vigente; oferecer segurança jurídica que facilite o investimento e a inovação; melhorar a governança e a aplicação efetiva das leis europeias sobre direitos fundamentais; e criar um mercado único para aplicativos de IA legais e seguros, evitando assim uma fragmentação regulatória.

De acordo com o regimento, os sistemas de IA são classificados segundo o nível de risco que apresentam. Sistemas considerados de risco "inaceitável", como aqueles que realizam manipulação comportamental ou categorização biométrica com base em dados sensíveis, são proibidos. Em contrapartida, sistemas que representem riscos mínimos, como jogos baseados em IA ou filtros de spam nos e-mails, não têm obrigações adicionais. Já aqueles classificados como de "alto risco", como ferramentas de IA utilizadas em processos de recrutamento, devem cumprir diversas exigências regulatórias, tais como a documentação prévia de avaliações de conformidade e a garantia de transparência para os usuários. Essa regulamentação se aplica diretamente aos fornecedores de sistemas de IA, assim como àqueles que os implementem ou importem, e não aos usuários, desde que esses sistemas sejam utilizados na União Europeia ou impactem indivíduos e empresas localizados na região. O projeto prevê isenções específicas para atividades ligadas à pesquisa, desenvolvimento e criação de protótipos antes da comercialização e exclui o setor militar. O AI Act dialoga ainda com outras importantes regulamentações digitais da União Europeia, como o GDPR (Regulamento Geral de Proteção de Dados), a Digital Services Act (Lei de Serviços Digitais), a Digital Markets Act (Lei dos Mercados Digitais), a Data Act (Lei de Dados) e a Cyber Resilience Act (Lei de Resiliência Cibernética), reforçando um ambiente regulatório coerente para tecnologias digitais no continente europeu.

Ainda na Europa, mas fora da UE, em março de 2025, a regulamentação da inteligência artificial no Reino Unido estava em um estágio de transição, com algumas legislações específicas em vigor e outras propostas em discussão. A Lei de Segurança Online (Online Safety Act) entrou em vigor, abrangendo serviços digitais de vários tipos que não só os voltados para IA, incluindo plataformas como Facebook, Instagram e WhatsApp. Essa legislação impõe às empresas a obrigação de adotar medidas para prevenir a disseminação de conteúdos prejudiciais ou removê-los rapidamente. Embora não seja focada exclusivamente em IA, afeta diretamente plataformas que utilizam algoritmos de IA para moderação de conteúdo.

A lei também tipifica novos crimes relacionados ao uso indevido de IA, como a disseminação de pornografia deepfake e o envio não solicitado de mensagens sexuais on-line (cyber-flashing).

Atualmente, as leis de direitos autorais no Reino Unido protegem obras criativas contra uso não autorizado. No entanto, o governo propôs alterações que permitiriam que empresas de tecnologia utilizassem conteúdos protegidos por direitos autorais para treinar modelos de IA, a menos que os criadores optassem por excluir suas obras desse processo. Essa proposta gerou oposição de artistas e escritores, incluindo Paul McCartney e Elton John, que argumentam que tal medida prejudicaria os criadores ao permitir o uso de seu trabalho sem compensação adequada. Em meados de 2025, ela estava ainda em discussão.

O Reino Unido foi o primeiro país a aprovar leis que criminalizam a posse, criação ou distribuição de material de abuso sexual infantil gerado por IA. As penas para infratores podem chegar a dez anos de prisão. Essa legislação visa combater o uso indevido da IA na produção de conteúdos ilegais e proteger os menores de idade.

Dessa forma, embora o governo britânico tenha anunciado planos ambiciosos — assim como outras nações — para transformar o país em uma "superpotência de IA" por meio do AI Opportunities Action Plan, que inclui a criação de zonas de crescimento e investimentos em infraestrutura, ainda não há uma legislação abrangente específica para a regulamentação da IA. O governo optou por adiar a introdução de regulamentações específicas para alinhar-se com abordagens internacionais, especialmente dos Estados Unidos. Essa decisão resultou em incertezas sobre o que é permitido ou não no desenvolvimento e uso de IA no país. Não obstante, existem legislações específicas que impactam o uso da IA, especialmente no que diz respeito à segurança on-line e à proteção contra conteúdos prejudiciais. E a ausência de uma regulamentação geral específica para IA deixa algumas áreas em aberto, dependendo das leis existentes e das futuras decisões governamentais.

No começo de 2025, quando Donald Trump voltou à presidência dos Estados Unidos, uma das primeiras atitudes tomadas foi desfazer boa parte do que havia sido feito no governo anterior. E isso se aplicou também à IA. Trump revogou as regulamentações estabelecidas por Joe Biden, argumentando que essas medidas eram "perigosas" e sufocavam a inovação ao impor controles governamentais desnecessários, segundo ele. Em seu lugar, assinou a Ordem Executiva 14.179, intitulada "Removendo barreiras para a liderança americana em inteligência artificial", que busca promover o desenvolvimento da IA livre do que o presidente americano chama de "preconceitos ideológicos ou agendas sociais projetadas". Apesar disso, estados do país têm criado e pensado em suas próprias regras e medidas, mas não livres do risco da atual desregulamentação federal.

Em março de 2025, a OpenAI apelou a Trump para que interviesse em prol das empresas do setor, protegendo-as de regulamentações estaduais que poderiam comprometer sua competitividade. Em troca, a companhia ofereceu um mecanismo de acesso voluntário aos seus modelos de IA, numa tentativa, segundo a empresa, de equilibrar inovação e supervisão governamental. A dona do ChatGPT diz que a proliferação de legislações locais voltadas à IA ameaça desacelerar o avanço tecnológico dos Estados Unidos em um momento em que a concorrência global avança, especialmente aquela vinda da China. Essa medida, argumenta a empresa, permitiria uma abordagem coordenada para manter a supremacia norte-americana na revolução da IA. A recomendação foi submetida ao Escritório de Política Científica e Tecnológica da Casa Branca, que passou a trabalhar na formulação de um novo esquema regulatório para o setor. Entre as sugestões, a OpenAI propôs que o Instituto de Segurança em IA dos Estados Unidos (US AI Safety Institute) se tornasse o canal oficial de interlocução entre governo e setor privado, funcionando como um escudo contra a fragmentação regulatória estadual. Em troca, as empresas colaborariam no aprimoramento da segurança dos sistemas de IA.

Além da questão regulatória, a OpenAI pediu ao governo para investir pesadamente em infraestrutura de IA e modernizar as leis de direitos autorais. Segundo a empresa, a interpretação atual da doutrina do uso justo (fair use) — que permite a utilização limitada de materiais protegidos sem a necessidade de autorização do titular dos direitos — é um elemento essencial para garantir a liderança tecnológica dos EUA, permitindo que modelos de IA continuem a se alimentar de conjuntos de dados sem obstáculos jurídicos.

A OpenAI também sugeriu que empresas de inteligência artificial possam utilizar informações públicas, incluindo dados da área de saúde, para impulsionar a pesquisa e o desenvolvimento de tecnologias mais avançadas. Essa iniciativa, segundo a empresa, poderia acelerar descobertas científicas e aprimorar a capacidade de resposta do país diante de desafios como pandemias e crises sanitárias.

Desde 2017, quando anunciou seu ambicioso "Plano de desenvolvimento de inteligência artificial", a China busca se tornar a maior potência global no setor até 2030. O plano, que prevê investimentos bilionários em pesquisa, infraestrutura tecnológica e formação de profissionais especializados, inclui também um compromisso com a criação de normas regulatórias para garantir que a tecnologia evolua dentro das diretrizes estratégicas do país.

Diferentemente dos Estados Unidos, onde até hoje não existe uma legislação federal sobre inteligência artificial, e da União Europeia, que adotou recentemente o AI Act, abrangendo um plano mais horizontal de tecnologias, a China preferiu um modelo regulatório mais pontual desde o início da década de 2020. Em 2021, o governo chinês implementou as "Provisões de gerenciamento de recomendações algorítmicas de serviços de informações da internet" (Internet information service algorithmic recommendation management provisions). Essas regras buscam regular o uso de algoritmos em plataformas digitais, proibindo práticas abusivas como discriminação de preços e protegendo trabalhadores que têm suas atividades monitoradas por inteligência artificial. Em janeiro de 2023, entraram em vigor as chamadas "Regras para síntese profunda" (Deep Synthesis Regulations). Essas regras se concentram especificamente em conteúdos gerados por IA considerados mais sensíveis ou potencialmente enganosos, como os chamados deepfakes. Elas determinam que vídeos, áudios e imagens criados artificialmente devem ser rotulados claramente, para evitar manipulações de identidade ou a propagação de notícias falsas.

No final de 2024, como desdobramento dessas regulamentações anteriores, o Ministério da Indústria e Tecnologia da Informação da China criou um Comitê Técnico de Padronização de Inteligência Artificial. Esse comitê, formado por 41 membros, incluindo representantes de grandes empresas, como a Baidu, e acadêmicos de universidades como a Universidade de Pequim, tem como principal missão desenvolver normas técnicas claras para grandes modelos de linguagem e avaliar os riscos de aplicações de IA.

Já em março de 2025, a China anunciou uma nova ação regulatória que ampliou o escopo das regras anteriores: a obrigatoriedade de rotular explicitamente todo e qualquer conteúdo produzido por IA, independentemente da finalidade. Diferentemente das "Regras para síntese profunda", que visavam sobretudo conteúdos manipulativos (como deepfakes), essa nova medida inclui conteúdos de todos os tipos, desde artigos informativos até respostas automáticas geradas por chatbots.

Outro mecanismo importante de controle estatal na China é o chamado "Registro nacional de algoritmos", criado para exigir que desenvolvedores registrem seus modelos de IA junto ao governo chinês. Nesse registro, empresas precisam submeter seus algoritmos a uma autoavaliação de segurança obrigatória, permitindo ao Estado acesso detalhado a como cada algoritmo é construído e utilizado no país.

A estratégia regulatória da China, portanto, combina inovação tecnológica com controle governamental. Um exemplo recente e emblemático disso é o modelo de IA chinês chamado DeepSeek, lançado no início de 2025. Embora tenha impressionado o mundo pela eficiência técnica e econômica, o modelo também surpreendeu ao demonstrar alinhamento com as políticas oficiais chinesas. Por exemplo, ao ser questionado sobre temas politicamente sensíveis, como o Massacre da Praça da Paz Celestial ou o *status* político de Taiwan, o DeepSeek evita dar respostas que desafiem a versão oficial do governo chinês.

No Brasil, o debate regulatório em torno da IA avançou. Em dezembro de 2024, o Senado Federal aprovou o Projeto de Lei 2338/2023, uma tentativa de criar o primeiro marco regulatório para a inteligência artificial no país. O projeto propõe a criação do Sistema Nacional de Regulação e Governança de Inteligência Artificial (SIA), sob responsabilidade da Autoridade Nacional de Proteção de Dados (ANPD). Além da ANPD, outras autoridades setoriais, como Banco Central, Agência Nacional de Saúde Suplementar (ANS) e Agência Nacional de Telecomunicações (Anatel), terão papéis importantes na formulação de normas específicas e fiscalização das aplicações de IA. O objetivo principal do projeto é proteger direitos fundamentais dos cidadãos, garantir que os sistemas de IA sejam seguros, confiáveis e que ajudem a sociedade brasileira de maneira ética, democrática e sustentável.

O texto estabelece que qualquer sistema de IA deve respeitar os direitos humanos, a privacidade das pessoas, promover a igualdade, proteger o meio ambiente e estar alinhado com princípios de transparência e justiça. O projeto divide os sistemas de IA em categorias, estabelecendo níveis de risco associados ao seu uso, semelhantes à abordagem adotada pela União Europeia. Sistemas considerados de "risco excessivo", como armas autônomas que decidem atacar sem intervenção humana, são totalmente proibidos.

O projeto também proíbe o uso de IA para prever comportamento criminoso com base em traços pessoais ou explorar vulnerabilidades humanas. Sistemas de "alto risco" incluem aplicações em áreas sensíveis, como saúde, justiça, segurança pública, crédito, educação, emprego e migração. Para esses, será obrigatória uma avaliação detalhada dos impactos antes da sua implementação, além de supervisão contínua por equipes independentes. Os resultados dessas avaliações devem ser divulgados publicamente e discutidos com a sociedade. Entidades públicas que usarem IA de alto risco devem realizar consultas e audiências públicas prévias, usar dados seguros, garantir revisão humana de decisões importantes e publicar avaliações preliminares dos sistemas utilizados. Sistemas de IA generativa e de propósito geral terão avaliações preliminares de risco obrigatórias.

Fornecedores ou operadores de sistemas de IA são obrigados a reparar integralmente danos causados. Em sistemas de alto risco, a responsabilidade é objetiva. Em outros casos, a culpa será presumida, cabendo ao fornecedor ou operador comprovar inocência ou fatores excludentes, como ato exclusivo da vítima ou caso fortuito externo.

Também será obrigatória a comunicação imediata à autoridade competente de incidentes graves relacionados ao uso de IA, especialmente os que envolvam risco à vida, danos ambientais ou interrupção de infraestrutura crítica. Uma autoridade competente, designada pelo Poder Executivo, será responsável por garantir o cumprimento da Lei, fiscalizar, aplicar sanções, emitir regulamentações, promover boas práticas e manter interação constante com reguladores setoriais. As sanções administrativas incluem advertências, multas (de até R$ 50 milhões), publicação de infrações e suspensão de atividades, entre outras.

A lei permite a criação de ambientes experimentais regulatórios para inovação em IA. Esses ambientes devem prever planos de descontinuidade claros e garantir a proteção dos direitos fundamentais e dados pessoais. Segundo o texto, a mineração automatizada de textos e dados não viola direitos autorais quando feita por instituições de pesquisa, jornalismo, museus e bibliotecas, desde que sejam respeitados critérios específicos, como finalidade, necessidade, segurança e não concorrência com exploração normal das obras.

O projeto também reforça os direitos das pessoas afetadas diretamente por decisões tomadas por IA. Todo cidadão terá o direito de saber quando está interagindo com sistemas de IA, como as decisões automáticas são tomadas e poderá contestar esses resultados pedindo revisão humana, especialmente em casos de grande impacto. O modelo regulatório brasileiro prevê que sua abordagem seja descentralizada, que tenha uma "governança multinível". Em vez de um sistema regulatório único e centralizado, diferentes órgãos reguladores vão atuam simultaneamente, aproveitando seu conhecimento técnico específico para desenvolver regras mais eficientes e precisas em cada setor. Áreas altamente sensíveis, como a financeira e a da saúde, que já usam amplamente IA em análises de crédito, prevenção de fraudes e diagnósticos médicos, terão que adotar práticas de transparência e supervisão rigorosas, aumentando a responsabilidade humana sobre decisões algorítmicas. Além de passar pela aprovação no Congresso, um desafio importante para colocar o projeto em vigor será o investimento em capital humano especializado. O Brasil ainda enfrenta escassez de profissionais capacitados para lidar com governança tecnológica e ética em IA. Portanto, a aplicação eficaz da nova legislação dependerá muito do fortalecimento institucional e do treinamento constante de profissionais técnicos e reguladores.

SAIBA MAIS

Filme: *Eu, Robô* (2004)

Depois de duas décadas, ainda vale a pena assistir ao filme baseado nos contos de Isaac Asimov. A história explora um futuro em que robôs são parte integrante da sociedade, operando sob as Três Leis da Robótica, criadas por Asimov na ficção: um robô não pode ferir um ser humano ou permitir que ele sofra algum mal; um robô deve obedecer às ordens dos humanos, exceto se isso entrar em conflito com a primeira lei; e um robô deve proteger sua própria existência, desde que isso não entre em conflito com as leis anteriores. A trama acompanha um detetive que investiga um crime supostamente cometido por um robô, levantando questões sobre a confiabilidade dessas leis e os desafios éticos na interação entre humanos e máquinas.

Relatório: *DemocracIA: percepções públicas sobre inteligência artificial e democracia em Argentina, Brasil, Colômbia e México* (2024)

O relatório da fundação Luminate, com dados da Ipsos, mostra que a maioria das pessoas (55% em média) na Argentina, Brasil, Colômbia e México acredita que seus governos devem regulamentar a inteligência artificial. O apoio é maior no México (63%) e menor na Argentina (49%). No Brasil, é de 50%. Quanto maior o conhecimento sobre IA, maior o apoio à regulamentação: em média, 65% das pessoas com bom entendimento sobre IA defendem a necessidade dessa regulação nos quatro países estudados.

PARA REFLETIR

Por mais detalhadas que sejam as regras, elas, historicamente, sempre chegam atrasadas diante da velocidade da tecnologia. Leis são criadas para problemas já conhecidos, enquanto novas questões surgem todos os dias, trazendo dúvidas que ninguém havia imaginado antes. A realidade é que regulamentar a IA é um esforço contínuo e dinâmico, que exigirá revisões constantes, vigilância permanente e uma atenção especial aos impactos imprevistos. No Brasil, como em qualquer outro lugar do mundo, regulamentar a IA não pode ser apenas uma tarefa para políticos, advogados ou técnicos. Exige, idealmente, a participação ativa da sociedade. Jovens, estudantes, pesquisadores, trabalhadores, todos devem ter voz no debate sobre quais limites queremos estabelecer e quais riscos estamos dispostos a correr. O desafio não é apenas criar boas leis, mas continuar debatendo, questionando e aperfeiçoando-as. A única maneira de garantir que a inteligência artificial seja usada para o bem da humanidade é manter-se alerta, crítico e engajado.

11. IA E O TRANSUMANISMO

Imagem gerada com IA via Midjourney versão 6.

Quando você ouve pela primeira vez a palavra “transumanismo”, é fácil imaginar algo longe demais, quase ficção científica. A gente visualiza pessoas que parecem meio robôs, meio humanos, como nos filmes em que o futuro sempre surge com luzes brilhantes e roupas esquisitas. Na realidade, a ideia é menos sobre aparência e mais sobre transformação. O transumanismo fala da possibilidade de ultrapassarmos limites físicos e mentais usando a tecnologia como aliada. E isso não é exatamente novidade. Desde que começamos a fabricar ferramentas ou usar óculos para enxergar melhor, por exemplo, já estamos alterando nosso corpo de alguma forma. A diferença agora é que estamos entrando numa época em que essas alterações podem ser mais profundas e permanentes. Inteligência artificial, biotecnologia, engenharia genética, tudo isso junto pode nos levar muito além do que imaginamos ser possível.

TRANSUMANISMO E SUA RELAÇÃO COM A IA

Quando pensamos sobre como a IA pode transformar o significado de ser humano, estamos falando a respeito de algo mais complexo do que simplesmente adicionar tecnologia ao corpo. A questão está também na forma como entendemos a nós mesmos e o nosso lugar no mundo. Hoje, como exploramos no segundo capítulo do livro, boa parte da nossa identidade vem de nossas habilidades, emoções e até das limitações que temos. E quando a inteligência artificial complementar ou substituir algumas dessas coisas, o que restará para definir quem realmente somos? Um exemplo simples disso é a memória. Atualmente, já usamos celulares e aplicativos como extensões da nossa capacidade de lembrar. Agora, imagine uma situação em que dispositivos implantados no cérebro possam armazenar e recuperar qualquer memória com perfeição absoluta. Nossos erros, esquecimentos e confusões fazem parte da experiência humana e da nossa personalidade. Se a IA puder apagar ou alterar memórias, talvez não sejamos mais as mesmas pessoas — e aqui vale uma dica: a de assistir a série *Ruptura* (*Severance*), que conta a saga de colaboradores de uma empresa que são submetidos a um procedimento que divide as lembranças entre o trabalho e a vida pessoal.

O impacto da IA também é claro nas relações humanas. Grande parte da nossa comunicação, ao menos no mundo digital, já é mediada por algoritmos. Mas o que pode acontecer se esses algoritmos forem capazes de interpretar sentimentos com precisão, talvez até melhor do que nós mesmos? Isso mudaria não apenas como nos relacionamos, mas também como definimos empatia, compreensão e até o amor.

Vale pontuar que, desde sempre, as pessoas parecem ter vontade de superar suas limitações naturais. Na mitologia grega, por exemplo, já existiam histórias de heróis com habilidades sobre-humanas e seres híbridos, meio homem, meio animal, como se os antigos já imaginassem possibilidades que a natureza não entregava sozinha. Com o tempo, essa ideia de aprimoramento saiu da mitologia e virou algo mais concreto. Na época do Renascimento, o artista e inventor Leonardo da Vinci fazia desenhos detalhados de máquinas destinadas a melhorar o desempenho humano, como uma que nos permitiria voar. Mais tarde, no século XX, o avanço da medicina permitiu que próteses reais ajudassem pessoas amputadas não só a recuperar movimentos básicos, mas também a correr mais rápido ou ter mais força do que antes.

Em 1957, o biólogo britânico Julian Huxley, primeiro diretor da Unesco, usou pela primeira vez o termo "transumanismo" em um ensaio chamado "New bottles for new wine" (Novas garrafas para novos vinhos). No texto, ele propunha a ideia de que a humanidade poderia transcender suas limitações biológicas por meio da ciência e da tecnologia.

Nas décadas seguintes, especialmente a partir dos anos 1980 e 1990, o transumanismo consolidou-se como movimento filosófico e tecnológico, defendendo o uso de tecnologias emergentes para aprimorar capacidades humanas e superar limitações como envelhecimento e doenças. Mais recentemente, o surgimento de tecnologias como edição genética, interfaces cérebro-máquina e implantes eletrônicos ampliou ainda mais essas possibilidades, transformando em realidade coisas que antes eram apenas ideias. E nós já estamos vivendo num mundo onde é possível, pelo menos em teoria, moldar o corpo e a mente humanos de acordo com nossos desejos ou necessidades.

PRÓTESES ROBÓTICAS

Durante muito tempo, próteses eram apenas substituições rudimentares de partes do corpo, feitas de madeira ou materiais simples. Agora, a tecnologia permite uma prótese controlada pelo pensamento, usando sensores implantados no cérebro para interpretar sinais neurais e enviar comandos para um braço mecânico, por exemplo, permitindo que um usuário mova os dedos de uma prótese como se fossem os seus próprios. É aqui que a inteligência artificial entra: ela pode ser usada para interpretar com mais precisão e rapidez os sinais do cérebro e traduzi-los em movimento.

Como o cérebro humano não é estático, esses sinais variam o tempo todo. A IA pode aprender com o próprio corpo do usuário, reconhecer padrões, antecipar intenções. Em vez de uma resposta programada, ela pode oferecer uma adaptação contínua. Também existem modelos que podem simular a sensação do toque. Pequenos eletrodos conectados ao sistema nervoso fazem com que a pessoa consiga sentir a textura e a pressão ao segurar um objeto. Aqui, de novo, a IA pode ajudar ao regular a intensidade dos estímulos, evitar sobrecarga sensorial e calibrar o toque para que pareça real, mesmo quando vem de um membro artificial.

Outro avanço impressionante é o desenvolvimento de próteses que superam os membros naturais em desempenho. Algumas versões possuem sensores que ajustam automaticamente a força e o equilíbrio, permitindo movimentos mais precisos do que o de um braço ou de uma perna humanos. Esses ajustes podem ser calculados por algoritmos de IA, que analisam dados do ambiente, do movimento, da intenção e da biomecânica do corpo. No caso de atletas paralímpicos que usam próteses com materiais como lâminas de fibra de carbono, há até discussões sobre se essas tecnologias podem oferecer uma vantagem sobre corpos biológicos.

IMPLANTES COCLEARES

Um aparelho auditivo tradicional, daqueles comuns que muita gente usa, basicamente amplifica os sons para torná-los mais claros. Mas um implante coclear vai além: ele transforma sinais acústicos em impulsos elétricos e os envia diretamente ao nervo auditivo. Isso significa, na teoria, que pessoas completamente surdas, mesmo com danos profundos nas células auditivas internas, podem recuperar parte significativa da audição. A experiência de quem recebe um implante assim pode ser surpreendente. Com o tempo e a prática, muitas pessoas conseguem distinguir sons que antes nem imaginavam. Vozes, músicas, barulhos cotidianos, como um carro passando ou uma torneira aberta — sons que tornam o dia a dia mais rico, mais seguro e mais humano. Hoje, os dispositivos já oferecem uma qualidade tão avançada que algumas pessoas conseguem até participar naturalmente de conversas em ambientes lotados, como restaurantes ou festas, o que às vezes é difícil até para quem escuta perfeitamente.

Uma parte crucial do avanço recente desses implantes vem da inteligência artificial. Sistemas inteligentes são usados para filtrar automaticamente ruídos, identificar quais sons importam mais e adaptá-los em tempo real, tornando a audição mais clara, mais limpa e menos cansativa. Por exemplo, marcas como a Cochlear e a Advanced Bionics já trabalham com algoritmos que aprendem com o usuário, ajustando o dispositivo para o jeito específico que cada pessoa ouve e prefere escutar.

EXOESQUELETOS

Se as próteses robóticas e os implantes cocleares trabalham com reposição sensorial e motora, os exoesqueletos têm um objetivo um pouco diferente: a ampliação da capacidade física. O conceito já apareceu em vários filmes, como em *Elysium*, com Matt Damon usando um exoesqueleto. Mas nós o vimos também na realidade: na abertura da Copa do Mundo de futebol, realizada em 2014, no Brasil, um homem que não tem os movimento dos membros inferiores deu o chute inaugural do evento, utilizando um exoesqueleto desenvolvido pela equipe do neurocientista brasileiro Miguel Nicolelis. A aplicação prática desse equipamento, porém, ainda é bem pequena. Exoesqueletos mecânicos podem ser usados na reabilitação de pessoas com paralisia parcial. E, de novo, entram em cena os sensores: eles detectam os impulsos elétricos que ainda existem nos músculos e os amplificam com motores robóticos, tornando possíveis movimentos que antes seriam inviáveis. Além do uso médico, exoesqueletos também estão sendo testados em contextos industriais e militares. O exército dos EUA já testou trajes mecânicos que permitem que soldados corram mais rápido, carreguem mais peso e tenham resistência física ampliada.

INTERFACES CÉREBRO-COMPUTADOR

A ideia de conectar o cérebro humano diretamente a máquinas também começou a sair dos laboratórios e entrar no mundo real. O conceito é simples de explicar, mas complexo de realizar: implantar ou posicionar sensores no cérebro que possam captar sinais neurais e convertê-los em comandos para dispositivos externos, como computadores, próteses robóticas e até mesmo outros cérebros.

SAIBA MAIS

Cinco áreas principais em que as interfaces cérebro-máquina (brain-computer interfaces, ou BCIs) são usadas:

- Medicina: ajudam médicos e pacientes a prevenir, identificar, diagnosticar e tratar doenças ou problemas físicos, além de ajudar na recuperação de movimentos ou funções perdidas.
- Pesquisa: permitem que cientistas estudem o funcionamento do cérebro humano, investiguem novos métodos de tratamento e descubram quais são as possibilidades e limitações dessas tecnologias.
- Bem-estar mental: dão informações em tempo real sobre o estado mental das pessoas, ajudando a controlar o estresse e a ansiedade ou melhorar a qualidade do sono e o humor por meio de feedback imediato.
- Multissetorial: podem ser adaptadas para diferentes necessidades, como ajudar a tomar decisões importantes em empresas, testar como usuários reagem a novos produtos, criar anúncios mais eficazes ou desenvolver formas mais eficientes de aprendizado.
- Jogos e entretenimento: tornam jogos e experiências de entretenimento mais imersivas e interessantes, permitindo que as pessoas joguem ou controlem sistemas apenas com o cérebro, sem precisar de controles ou teclados. O jogo responde diretamente aos pensamentos ou emoções dos jogadores.

O impacto potencial dessa tecnologia é enorme. Se conseguirmos decifrar os padrões elétricos do cérebro com precisão suficiente, podemos criar um sistema no qual pensamentos se transformam em ações sem precisar de movimentos físicos. Isso tem implicações para pessoas com deficiências motoras, para comunicação sem palavras e até para a expansão das capacidades cognitivas humanas.

Segundo a empresa de pesquisa americana Grand View Research, o mercado global de BCIs foi avaliado em aproximadamente US$ 2 bilhões em 2023 e está projetado para crescer a uma taxa média de 17,8% ao ano entre 2024 e 2030. Esse crescimento é impulsionado principalmente pelo aumento de casos que necessitam de dispositivos neuroprotéticos — tecnologias desenvolvidas para restaurar ou substituir funções neurológicas comprometidas, como a comunicação e a mobilidade em pacientes paralisados —, além do envelhecimento da população mundial.

Além disso, o uso dessa tecnologia em sistemas de controle doméstico, jogos virtuais e comunicação militar amplia suas possibilidades de aplicação no mercado, impulsionando ainda mais seu crescimento.

Entre as empresas que trabalham neste campo está a Neuralink, fundada por Elon Musk (bilionário que também ajudou a criar a OpenAI e é dono do X (ex-Twitter), da Tesla, da Starlink (sistema de internet via satélite) e foi chamado para liderar o Departamento de Eficiência Governamental dos EUA). O objetivo da Neuralink é desenvolver um implante cerebral capaz de registrar e interpretar sinais neurais com altíssima precisão, permitindo desde a recuperação de movimentos até o controle de dispositivos apenas com o pensamento.

Apesar dos avanços, há muitas questões que ainda precisam ser resolvidas antes que essa tecnologia se torne algo comum. Um dos maiores desafios é a precisão na leitura dos sinais neurais. O cérebro humano possui bilhões de neurônios interagindo ao mesmo tempo, e identificar quais deles estão relacionados a um pensamento específico ainda é um grande desafio técnico. Outro problema é a biocompatibilidade: implantes cerebrais precisam ser extremamente seguros para evitar rejeição ou danos ao tecido neural. Além disso, há preocupações sobre privacidade e segurança — por exemplo, se conseguiremos em algum momento ler os pensamentos de alguém. Será que essa informação pode ser hackeada? Quem teria acesso aos dados do cérebro de uma pessoa? Como garantir que essa tecnologia não seja usada para controle ou manipulação?

Se os avanços continuarem no ritmo atual, é possível que, em algumas décadas, as BCIs se tornem parte do cotidiano. Pessoas poderiam se comunicar sem falar, acessar informações instantaneamente e controlar dispositivos apenas com o pensamento. Isso poderia significar uma mudança radical na forma como interagimos com a tecnologia e até com outras pessoas.

A ideia de implantar chips no corpo humano escapuliu das histórias de ficção e se tornou uma realidade. Pequenos dispositivos eletrônicos sob a pele podem funcionar como chaves de segurança, carteiras digitais e até sensores biomédicos. Os implantes eletrônicos são usados de diferentes formas. Algumas empresas na Suécia, por exemplo, oferecem a funcionários a opção de implantar um microchip do tamanho de um grão de arroz na mão para destravar portas, acessar computadores e até pagar contas. O chip funciona por radiofrequência (RFID), a mesma tecnologia usada em cartões de transporte público. O benefício? Conveniência. Você não precisa mais se preocupar em esquecer a carteira ou a chave do escritório.

Uma aplicação mais profunda é o uso de chips para monitoramento da saúde em tempo real. Implantes capazes de medir níveis de glicose no sangue de diabéticos sem necessidade de furar o dedo já são possíveis. Outros dispositivos podem rastrear sinais vitais, pressão arterial e até prever um ataque cardíaco antes que ele aconteça. Em 2024, pesquisadores da Universidade de São Paulo desenvolveram um chip bioeletrônico capaz de detectar ao mesmo tempo as vitaminas C e D em fluidos corporais.

Imaginar um mundo com humanos aprimorados é mais do que pensar em braços robóticos ou cérebros conectados à internet. É pensar em uma mudança de escala. Pessoas com corpos que não adoecem, mentes que não esquecem, olhos que enxergam no escuro, força acima do comum. Tudo isso que parece futurista, ou coisa de super-heróis, não está tão longe e, nesse futuro possível, talvez aqueles com mais acesso vivam mais de cem anos com saúde perfeita, enquanto os desvalidos continuem a enfrentar filas em hospitais pelas doenças mais banais. É possível que alguns estudantes usarão chips para aprender idiomas em uma semana, enquanto outros ainda irão decorar verbos usando um caderno. Um funcionário com memória expandida poderia trabalhar mais rápido, resolver mais problemas. Um soldado com exoesqueleto teria mais força e resistência do que qualquer ser humano. Parece incrível. E, ao mesmo tempo, profundamente desigual.

De novo, nos deparamos com questões éticas e de justiça. O transumanismo também não é só quem pode melhorar, mas quem pode pagar para melhorar. Se o acesso à tecnologia for restrito, ela poderá acentuar desigualdades existentes. Não basta ter mais dinheiro; agora, você terá ao seu alcance um corpo e uma mente superiores. E isso mexe com noções básicas de justiça e meritocracia.

Outra preocupação é a privacidade. Já exploramos isso rapidamente, mas vamos voltar ao assunto. Se o nosso corpo começar a depender de sistemas conectados, quem vai controlar os dados que ele gera? Um implante que monitora sua saúde também pode rastrear sua localização, seus hábitos, suas emoções. Pode ser útil, claro. Mas também pode ser perigoso. Se até nossos pensamentos forem convertidos em dados, o que ainda nos pertencerá por inteiro?

PARA REFLETIR

Até onde o transumanismo pode ir? E quem decide esse "limite"? Uma coisa é corrigir algo que está faltando; outra, bem diferente, é melhorar o que já está funcionando. Nesse ponto, surgem os debates mais difíceis. Devemos melhorar o corpo por estética? Otimizar a inteligência por competição? Remover emoções que atrapalham? E se alguém quiser apagar lembranças ruins, instalar novas memórias? Ainda seríamos nós mesmos? A linha entre cura e aprimoramento é fina. E a linha entre liberdade e pressão social também. Em um mundo no qual todos melhoram, quem escolhe não melhorar pode ser visto como fraco, preguiçoso, ultrapassado. A escolha vira obrigação. E a autonomia vira aparência.

Talvez o ponto central não seja dizer "até aqui pode, daqui em diante não", mas perguntar, o tempo todo, o que estamos ganhando e o que estamos perdendo. Toda inovação carrega valores, consequências, e impactos reais nas relações humanas. Equilibrar tudo isso exige cuidado, diálogo. Exige não romantizar a máquina e nem idealizar o corpo natural. Exige olhar para a frente sem esquecer o que nos torna humanos agora, com todas as nossas imperfeições, limites, memórias confusas, sentimentos difíceis. Talvez o futuro não precise apagar isso. Talvez a verdadeira evolução esteja em integrar as possibilidades da tecnologia com a complexidade da humanidade, sem esquecer que o poder de mudar o mundo não está só nas ferramentas que criamos, mas nas escolhas que fazemos com elas.

12.

IA E A CRIATIVIDADE

Imagem gerada com IA via Midjourney versão 6.

Já discutimos anteriormente aquilo que separa os seres humanos das máquinas e destacamos a criatividade como uma dessas fronteiras. Certamente você percebeu que as máquinas são capazes de produzir, sem esforço aparente, imagens impressionantes, como as que ilustram o início de cada um dos capítulos deste livro. Sabemos também que esse novo tipo de arte não surge de um impulso emocional, nem traduz qualquer tipo de experiência pessoal: ela é fruto da combinação de dados, padrões e referências criadas por nós mesmos. Então, vamos dar um passo além nisso. Se uma inteligência artificial não sente, não deseja, nem tem uma intenção real por trás daquilo que produz, o que exatamente ela está criando ao compor músicas inéditas, escrever bons textos ou gerar imagens que parecem tão originais quanto qualquer obra humana? Talvez estejamos presenciando o surgimento de uma espécie completamente nova de criatividade, uma que não nasce da dor, da alegria ou da introspecção, mas que, ainda assim, provoca emoções reais nas pessoas que entram em contato com ela. Essa nova criatividade, a criatividade sintética, já está transformando a maneira como pensamos sobre cultura, como valorizamos a arte e como definimos o que é realmente autêntico e se isso realmente importa em um mundo cada vez mais guiado por algoritmos.

Pare por um minuto e tente definir o conceito da criatividade em algumas poucas palavras. Não parece tão simples, né? Mas, ainda assim, todos nós entendemos o que é quando a reconhecemos.

Na história, a criatividade sempre significou romper com o habitual, enxergar algo que ninguém mais conseguiu ver, ou simplesmente juntar elementos conhecidos para revelar algo novo.

Quando, há mais de quinhentos anos, Michelangelo, frente a um mármore bruto de cinco metros de altura e cinco toneladas e meia, fez surgir o corpo impressionante de Davi, não estava apenas retirando pedra com suas ferramentas: estava revelando uma visão de força e beleza humanas que existia apenas na sua imaginação. Séculos depois, Beethoven compôs a *Nona Sinfonia* em meio à sua surdez, convertendo o silêncio ao seu redor em uma das obras mais emocionantes já criadas, como se estivesse escutando algo que mais ninguém era capaz de ouvir. No século XVI, Shakespeare deu ao teatro conteúdos e ferramentas que balizaram a arte para sempre — ou seja, quando se pergunta sobre qual tripé se sustenta a arte da representação, a resposta é unânime: Shakespeare, Shakespeare e Shakespeare. No século XX, James Joyce revolucionou o romance com *Ulisses*, explorando o fluxo de consciência de uma maneira tão inovadora e radical que a escrita jamais voltou a ser a mesma.

Esses exemplos mostram que a criatividade vai além de técnica ou habilidade e está ligada ao jeito de ver o mundo, transformando sentimentos e ideias em algo concreto e reconhecível para os outros. Dito isso, vamos explorar como a IA atua na expressão criativa quando faz com que o humano ultrapasse barreiras técnicas.

ARTES VISUAIS

A IA nas artes plásticas tornou-se especialmente viável a partir de 2014, com o surgimento das "redes geradoras adversariais", conhecidas pela sigla GANs (generative adversarial networks). Essas redes foram criadas por Ian Goodfellow, na época doutorando da Universidade de Montreal. O cientista da computação, que é americano, propôs algo diferente do que existia até então. Em vez de fornecer ao algoritmo uma imagem inicial para ser modificada, sua ideia era usar apenas números aleatórios, o que chamamos de "ruído digital", para gerar imagens do zero. Na prática, isso funciona usando duas redes neurais competindo entre si, como num jogo. A primeira, chamada de "gerador", transforma esse ruído digital em imagens inéditas, inicialmente borradas e confusas. A segunda, conhecida como "discriminador", atua como um crítico visual extremamente exigente, comparando as imagens falsas produzidas pelo gerador com imagens reais de um banco de dados. O discriminador aprende a detectar o que é real ou falso, forçando o gerador a melhorar continuamente suas imagens para conseguir enganá-lo e até chegar no resultado desejado.

Antes das GANs, as técnicas existentes, como autoencoders e modelos probabilísticos, conseguiam produzir apenas imagens limitadas e com baixo grau de realismo. Com as GANs, porém, a evolução foi surpreendente: pela primeira vez, computadores puderam criar imagens realistas a ponto de serem confundidas com fotos ou pinturas autênticas. Isso revolucionou não apenas o campo da visão computacional, mas também abriu portas inéditas para as artes visuais digitais.

Em outubro de 2018, a casa de leilões Christie's, em Nova York, vendeu pela primeira vez uma obra gerada por IA: o *Retrato de Edmond de Belamy*, que foi arrematado em um leilão por US$ 432.500. A obra foi criada pelo coletivo francês Obvious usando uma GAN treinada com 15 mil retratos produzidos entre os séculos XIV e XX. O resultado foi uma imagem impressa com jatos de tinta sobre uma tela e enquadrada com uma moldura dourada, dando uma aparência clássica e tradicional. Apesar do sucesso financeiro, o projeto gerou controvérsia, pois o grupo Obvious não escreveu do zero o algoritmo que gerou o retrato. Na realidade, eles utilizaram e adaptaram um código aberto criado por um programador de 19 anos, Robbie Barrat, sem inicialmente dar os devidos créditos ou avisá-lo sobre os fins comerciais da obra. Barrat, que compartilha seus códigos no conhecido repositório GitHub, não recebeu pagamento algum, nem reconhecimento formal pela obra vendida, causando um certo desconforto na comunidade de artistas digitais. Embora o grupo francês tenha depois reconhecido o uso do código de Barrat, por conta das críticas públicas, o episódio levantou discussões sobre autoria, ética e a atribuição correta de obras criadas por IA. O título da obra, Belamy, é uma referência direta ao criador original das GANs, que falamos acima, Ian Goodfellow, já que "*bel ami*", em francês, significa "bom amigo", uma brincadeira com o nome do pesquisador pioneiro dessa tecnologia (*good* = bom e *fellow* = companheiro).

Figura 12.1 – Retrato criado por IA

Retrato de Edmond de Belamy (Reprodução/Christie's).

A partir daí, plataformas começaram a popularizar a criação artística com inteligência artificial, ampliando e muito o acesso a esses recursos. Em janeiro de 2021, a OpenAI lançou o DALL-E, uma ferramenta capaz de transformar descrições escritas em imagens detalhadas, desde cenas imaginárias até objetos híbridos completamente improváveis. A tecnologia por trás do DALL-E utiliza uma rede neural treinada com bilhões de imagens e descrições correspondentes, permitindo que ele traduza palavras em representações visuais. Pouco depois, em julho de 2022, o Midjourney (que usei para criar cada uma das imagens que abrem os capítulos deste livro) ganhou popularidade especialmente em comunidades artísticas on-line graças à sua capacidade de criar imagens altamente estilizadas e com aspecto artístico refinado a partir dos prompts. Ao contrário do DALL-E, inicialmente restrito por convites, o Midjourney foi disponibilizado por meio da plataforma social Discord, permitindo que qualquer pessoa com acesso à rede pudesse começar a usá-lo imediatamente. Com essas e outras ferramentas, artistas profissionais, designers gráficos ou qualquer pessoa sem experiência alguma no campo artístico, mas com uma ideia na cabeça, começaram a experimentar novas formas de expressão visual. A simplicidade do processo de transformar ideias em texto e depois em imagens eliminou as barreiras técnicas requeridas até então, criando uma espécie de nova linguagem criativa baseada em comandos textuais. Aquilo que antes exigia habilidades e estudos passou a depender mais da capacidade de imaginar e descrever ideias claramente em palavras.

COMO ESSES PROMPTS FUNCIONAM NA PRÁTICA?

Quanto mais preciso e detalhado for o pedido, mais perto o resultado estará do que você imaginou. Há muitas possibilidades: você pode sugerir um estilo visual específico, como "fotografia em preto e branco", "pintura impressionista" ou "desenho digital". Pode incluir referências culturais ou históricas, como "ilustração dos anos 80" ou "cenário de um futuro distópico". Também pode descrever sentimentos ou ambientes, como "paisagem tranquila", "noite de chuva" ou "momento dramático", além de detalhes técnicos como resolução, perspectiva, iluminação ou enquadramento.

Vamos a um exemplo: imaginar uma criação de Paul Klee, artista suíço-alemão que viveu entre os séculos XIX e XX, em um mundo que caminhava rapidamente rumo à mecanização. Klee explorava, com linhas infantis, a subjetividade da imaginação.

Digitei no Midjorney o seguinte comando, em inglês (idioma que a plataforma melhor entende): "A youth party painted in the style of Paul Klee, abstract shapes, playful colors, dreamy and joyful atmosphere, watercolor texture, pastel tones --ar 16:9 --v 6 --q 2 --style raw". Em português: "Uma festa de jovens pintada no estilo de Paul Klee, formas abstratas, cores lúdicas, atmosfera sonhadora e alegre, textura aquarela, tons pastéis --ar 16:9 --v 6 --q 2 --estilo cru".

O que significa cada parte:

Texto descritivo (até os "--"): essa é a parte mais criativa, em que você descreve o que quer ver: o tema (youth party), o estilo (in the style of Paul

Klee), as cores, a atmosfera emocional e a textura da imagem. É a alma do prompt.

"--ar 16:9": define a proporção da imagem; 16:9 é o formato widescreen, ideal para imagens horizontais, como fundos de tela, banners ou paisagens.

"--v 6": indica que o Midjourney está usando a versão 6 do modelo, a mais avançada até então, e entende melhor instruções detalhadas. Essa opção ajuda a gerar imagens mais coerentes e refinadas.

"--q 2": controla a qualidade da imagem. A numeração vai de 1 a 2; quanto maior, melhor a qualidade, mas também mais demorado e pesado o processamento.

"--style raw": esse trecho diz ao Midjourney para gerar a imagem com um estilo mais neutro, sem adicionar automaticamente interpretações artísticas próprias do modelo. Isso é útil quando você quer mais controle sobre o resultado e menos interferência "automática" do algoritmo.

E eis o resultado:

Figura 12.2 – Imagem criada pelo Midjourney

Saber escrever um bom prompt é como aprender uma nova forma de linguagem, uma mistura de imaginação e precisão técnica. Você não precisa ser artista no sentido tradicional, mas precisa saber o que quer dizer e encontrar as palavras certas para guiar a imagem até lá. O resultado não é apenas uma soma de comandos, mas uma imagem que carrega a intenção da pessoa que comandou a IA.

Mas nem tudo é um "promptzinho" no mundo das artes visuais em tempos de IA.

Um dos nomes mais relevantes na arte digital contemporânea é Refik Anadol, artista turco radicado em Los Angeles. Ele começou sua trajetória interessado em explorar a relação entre espaço físico e dados digitais e, desde o início, se destacou por transformar grandes volumes de informação em experiências visuais imersivas.

O ponto de partida do trabalho de Anadol é sempre um arquivo de dados massivo, de acervos de obras de arte a registros de fauna e flora de uma floresta. Esses dados são organizados, processados e convertidos em imagens em movimento, texturas, cores e formas. Ele usa modelos de aprendizado de máquina treinados para reconhecer padrões nesses conjuntos de dados e, a partir disso, gerar novas composições visuais. É como se os dados fossem a matéria-prima, e os algoritmos, a ferramenta que revela a paisagem oculta por trás dos números.

Em 2022, Refik apresentou no Museu de Arte Moderna de Nova York (MoMA) uma obra chamada *Unsupervised*, criada a partir de mais de 200 anos de história da arte digitalizada do próprio acervo do museu. A peça usa algoritmos generativos para reinterpretar todas essas obras, criando uma sequência contínua de imagens que nunca se repetem. Não é uma colagem nem uma simulação de estilos antigos, é uma nova linguagem visual que nasce da reorganização de milhares de referências históricas. A obra foi exibida em um grande painel de LED em movimento contínuo, como se o MoMA sonhasse com sua própria coleção.

Em 2025, Refik Anadol e sua equipe planejam inaugurar o DATALAND, o primeiro museu do mundo dedicado à arte criada com inteligência artificial. O museu será localizado no The Grand LA, um complexo projetado pelo arquiteto Frank Gehry no centro de Los Angeles. O museu pretende oferecer experiências artísticas imersivas que combinam a criatividade humana com o potencial das máquinas, estabelecendo um novo modelo de expressão artística na era digital. As exposições inaugurais serão baseadas no Large Nature Model, o primeiro modelo de IA de código aberto focado exclusivamente em dados da natureza, desenvolvido pelo estúdio de

Anadol. O DATALAND planeja reunir pioneiros de diversas áreas, incluindo artes, ciência e pesquisa em IA. O museu também se compromete com o uso de energia renovável e práticas de IA éticas.

MÚSICA

Impulsionada por plataformas de IA, a composição musical também tem passado por transformações nos últimos anos. Ferramentas como Suno AI, AIVA (Artificial Intelligence Virtual Artist), Amper Music e Boomy permitem que qualquer pessoa, mesmo sem conhecimento musical prévio, crie composições completas em questão de minutos. Por exemplo, o Suno AI é uma plataforma on-line que gera músicas a partir de prompts e categorias, permitindo aos usuários especificar o estilo (como jazz, samba, eletrônico, etc.), o clima desejado (calmo, melancólico ou épico, por exemplo) e a própria letra da música. A partir dessas escolhas, a IA estrutura a composição, harmoniza os acordes, cria variações e finaliza uma faixa. No box a seguir, você pode ouvir, a partir do QR Code, um experimento que fiz enquanto escrevia este livro. Olhei pela janela, vi montanhas, estava bebendo um chá. Joguei essas ideias no ChatGPT, pedi para ele gerar uma letra de música, revisei, copiei e colei no Suno pedindo uma música folk. O resultado está aí para você julgar.

Essas plataformas também operam analisando extensos bancos de dados de tudo o que tem a ver com o universo da música para identificar padrões de ritmo, harmonia, melodia e estrutura. Utilizando algoritmos, elas aprendem a compor seguindo regras musicais, muitas vezes criando algo dentro de estilos já conhecidos. Para músicos profissionais, essa tecnologia oferece novas possibilidades criativas e desafios. Alguns artistas utilizam essas ferramentas como ponto de partida para testar ideias ou compor trilhas rapidamente para filmes, jogos ou publicidade.

Por outro lado, há preocupações sobre a potencial redução de oportunidades de trabalho e a desvalorização do trabalho humano na música. No final de 2024, a Confederação Internacional de Sociedades de Autores e Compositores (CISAC) publicou um relatório sobre o futuro dessa indústria. O estudo diz que músicos e compositores podem perder até 24% de suas receitas até 2028. O motivo principal é o crescimento acelerado da produção de conteúdo gerado por sistemas automatizados. Os dados também apontam que o mercado global de músicas e conteúdos audiovisuais criados com essas ferramentas deve saltar de € 3 bilhões para € 64 bilhões em apenas quatro anos. Mas esse crescimento não está desvinculado de um custo: a maior parte desse volume, dizem os autores, virá da reprodução não licenciada de obras humanas, ou seja, músicas feitas por artistas que serviram de base para treinar os modelos, mas que não foram creditados nem remunerados por isso. Ao mesmo tempo, a previsão é que 20% da receita das plataformas tradicionais de streaming e 60% do acervo de bibliotecas musicais venham de músicas geradas por esses sistemas até o fim da década.

Além disso, a IA está começando a influenciar o reconhecimento na indústria musical. Em novembro de 2023, os Beatles remanescentes lançaram uma nova música, "Now and Then", parcialmente criada com o auxílio de IA e com a participação de toda a banda. A faixa venceu o Grammy de melhor performance de rock, marcando um momento histórico no reconhecimento da IA na música.

E para os ouvintes? A questão não parece ser se a música feita por IA é "boa" ou não. Algumas vezes, ela é. A pergunta que começa a surgir é: o que esperamos de uma música? Que ela nos acompanhe, nos emocione, nos toque, ou que ela nos diga algo sobre quem a criou? Ou tudo isso?

IA PRODUZINDO LITERATURA

Nos últimos dois anos, ferramentas das quais já falamos, como ChatGPT, Claude e Gemini, se tornaram parte do vocabulário cotidiano de quem escreve, ou pelo menos tenta escrever. O uso desses recursos não é uma hipótese futura: já está acontecendo e abrange desde estudantes em busca de ajuda para redações até profissionais da escrita testando ideias para romances, peças ou roteiros.

Um estudo realizado em 2024 pela Universidade do Sul da Califórnia, em parceria com pesquisadores da Microsoft, investigou como escritores profissionais percebem e desejam preservar a autenticidade em seus textos ao utilizar ferramentas de inteligência artificial. Os resultados mostram que o uso dessas tecnologias é visto como mais aceitável nas fases intermediárias do processo criativo, especialmente no desenvolvimento de ideias, e menos apropriado na produção textual final.

Os escritores ouvidos destacaram a importância de manter o controle sobre o conteúdo, decidindo o que entra ou não no texto, como condição essencial para que o trabalho continue sendo reconhecido como verdadeiramente seu. Para alguns, essas ferramentas funcionam como apoio em momentos de bloqueio criativo, ou como um reflexo das expectativas do público, que influenciam cada vez mais a escrita contemporânea.

Em outra parte do estudo, voltada aos leitores, o objetivo era avaliar textos produzidos com e sem o uso de ferramentas de IA, sem informar, é claro, qual era qual. A maioria dos leitores não conseguiu distinguir entre os dois. De modo geral, os leitores demonstraram uma atitude positiva em relação ao uso da tecnologia, e pouca preocupação com a origem do texto, desde que ele permanecesse interessante e envolvente. Mesmo quando coescrita com IA, a obra continuava sendo, para eles, uma boa leitura.

Em dezembro de 2022, um gerente de design de produtos da Califórnia chamado Ammaar Reshi decidiu criar um livro infantil. Ele não era escritor. Usou o ChatGPT para escrever a história e o Midjourney para gerar as imagens. Em um único fim de semana, escreveu, ilustrou, diagramou e publicou o livro para venda na Amazon. *Alice and Sparkle* é o nome da obra. A história acompanha Alice, uma menina curiosa, e Sparkle, uma inteligência artificial que ela mesma desenvolve. Juntas, as duas exploram o potencial da tecnologia para fazer o bem.

O autor compartilhou todo o processo abertamente em suas redes sociais. Contou que queria testar o que era possível criar sozinho, com as ferramentas novas que haviam se tornado acessíveis a qualquer um. Não escondeu nada, descreveu os passos, mostrou trechos do texto, publicou imagens do livro pronto e disponibilizou o link para compra. Ele achou que estava tudo bem.

No entanto, em poucos dias, *Alice and Sparkle* viralizou no X (ex-Twitter). Escritores, ilustradores e usuários reagiram. A crítica não era apenas sobre a qualidade do livro, que muitos consideraram rasa ou genérica, mas sobre o princípio por trás da obra. O uso de ferramentas treinadas com dados de milhões de obras humanas, sem consentimento nem remuneração, foi apontado como uma forma de apropriação. Houve também acusações de desvalorização do trabalho criativo. Artistas lembraram que ilustrar um livro infantil é um processo delicado, feito com pesquisa, escuta, tentativa e erro. E que escrever para crianças exige cuidado com ritmo, linguagem, desenvolvimento emocional. Ao apresentar um livro feito em poucas horas, com textos e imagens gerados por comandos, Reshi foi acusado de banalizar esse trabalho. O autor recebeu mensagens hostis, ameaças e acusações públicas.

Em janeiro de 2023, a Amazon chegou a remover temporariamente o livro da plataforma, alegando atividade incomum nas avaliações, uma enxurrada de críticas, tanto elogiosas quanto negativas, num espaço muito curto de tempo. *Alice and Sparkle* voltou a ser listado alguns dias depois e está disponível para compra até este momento por R$ 43,52. Ammaar Reshi não cometeu nenhum crime. Ele apenas testou o que era possível. Ao fazer isso, colocou um espelho desconfortável diante do mercado editorial, que até hoje busca respostas.

Em 2024, o Prêmio Jabuti, a mais tradicional premiação literária do Brasil, decidiu proibir a participação de obras produzidas com o auxílio de IA. A medida foi uma resposta à polêmica ocorrida no ano anterior, quando uma nova edição ilustrada de *Frankenstein*, publicada pelo Clube de Literatura Clássica, foi desclassificada mesmo após ter sido anunciada entre os finalistas. As imagens, assinadas por Vicente Pessôa, haviam sido geradas com o Midjourney e o uso da tecnologia constava nos créditos da obra. Ainda assim, passou despercebido pela comissão julgadora.

Um dos jurados, o cartunista André Dahmer, tornou pública a indignação em suas redes sociais, afirmando que o livro havia sido avaliado sem que os jurados soubessem que se tratava de um trabalho feito parcialmente com tecnologia automatizada. "Não conheço os nomes de ferramentas de inteligência artificial, nem quero conhecer", escreveu. Outro jurado, o ilustrador Baptistão, confirmou que também não havia sido informado da natureza híbrida da obra. Diante do impasse, a curadoria do prêmio atualizou o regulamento. A partir de então, somente livros que não utilizem recursos de inteligência artificial podem concorrer, com exceção para aqueles que façam uso explícito da tecnologia para fins de estudo, crítica, ou reflexão, e que isso esteja claro no projeto editorial. "A gente só vai introduzir a inteligência artificial no nosso prêmio quando isso estiver regulamentado a nível nacional", declarou Hubert Alquéres, curador do Jabuti à época.

A decisão expõe o que já exploramos no livro: a IA e a regulamentação não andam na mesma velocidade e, por consequência, a IA e o entendimento da maioria das pessoas também não. O Jabuti, ao proibir sua inclusão, mostra a urgência desse entendimento. Neste caso, o que exatamente torna uma obra literária legítima? É a ideia? O processo? A ferramenta usada? Ou a transparência com que tudo isso é comunicado?

IA E O CINEMA

Entre todas as formas de expressão criativa, o cinema talvez seja a que mais reúne diferentes linguagens: imagem, som, roteiro, atuação, design... E justamente por ser essa arte de convergências, ela também é uma das mais vulneráveis, ou adaptáveis, à presença da inteligência artificial.

Desde efeitos visuais até roteiros completos, a IA tem sido usada em diversas etapas do processo cinematográfico. Existem sistemas capazes de gerar storyboards automáticos, prever o apelo emocional de cenas e até simular vozes e imagens de atores. Em 2023, Josh Rubin, um produtor executivo de um estúdio americano chamado Waymark, escreveu e dirigiu um curta-metragem de 12 minutos chamado *The Frost*, feito por uma IA que foi alimentada com um roteiro para criação das imagens usando o DALL-E 2, da OpenAI. Em seguida, os produtores usaram o D-ID, uma ferramenta de IA que pode adicionar movimento a imagens estáticas, para animar essas fotos, fazendo os olhos piscarem e os lábios se moverem. Foi daí que surgiu o curta.

Em 2022, o ator Bruce Willis, aposentado após um diagnóstico de afasia — doença neurodegenerativa que afeta a capacidade de expressar e compreender a linguagem, tanto falada quanto escrita —, teve sua imagem licenciada para ser usada por IA em novos comerciais, gerando discussões sobre identidade digital, consentimento e continuidade artística após o fim da carreira, ou até mesmo após a morte.

A tecnologia também está transformando a pós-produção. Ferramentas de IA já têm recursos para reencenação facial e recriação de cenários com poucos cliques. Isso significa que, com um bom prompt e um vídeo curto como base, já é possível recriar cenas inteiras, trocar personagens, mudar o clima da imagem, inserir objetos, alterar roupas. Ferramentas como a Sora, da OpenAI, ampliaram esse cenário, permitindo gerar trechos de vídeo com aparência cinematográfica partindo apenas de comandos escritos.

No capítulo sobre trabalho, vimos que os filmes *Emilia Pérez* e *O Brutalista*, indicados ao Oscar de 2025, utilizaram IA em suas produções. Ao mesmo tempo, a presença da IA no cinema foi um dos gatilhos centrais da greve dos roteiristas e atores de Hollywood, em 2023. Entre as principais demandas estavam cláusulas de proteção contra o uso de inteligência artificial para substituir profissionais humanos e contra a utilização das imagens dos artistas sem remuneração. Um dos pontos mais discutidos foi o uso de deepfakes e a "clonagem" de vozes e corpos. O sindicato dos atores exigiu que qualquer uso de imagem gerada por IA fosse negociado, pago e explicitamente autorizado.

Isso nos leva a uma pergunta importante: o que é exatamente "atuar" quando um rosto pode ser simulado e animado com perfeição? O que é "dirigir" quando um modelo sugere a melhor composição de cena? O que é "escrever um roteiro" quando um prompt pode gerar uma sequência inteira de eventos com diálogos coerentes?

A IA não vai destruir o cinema. Mas certamente está redesenhando seus limites. E, talvez, nos obrigando a perguntar o que exatamente queremos preservar quando dizemos que gostamos de uma história bem contada.

PARA REFLETIR

A IA não inventou a crise da autoria, da originalidade ou da relevância. Essas questões já estavam conosco. O que a IA fez foi escancarar todas elas ao mesmo tempo, com uma intensidade e velocidade difíceis de ignorar. De repente, tudo o que parecia claro, como o valor do esforço, a ideia de estilo, o tempo necessário para criar algo, a assinatura que torna uma obra singular, passou a ser revisto. O que muda agora não é só a ferramenta: é a escala, a velocidade e, principalmente, a intimidade com que essa transformação nos toca. Ela não está mais distante, nem restrita a poucos. Está no celular, no cotidiano, no campo criativo de qualquer pessoa com conexão à internet. Nesse cenário, talvez o gesto mais criativo não seja produzir mais, ou produzir melhor, mas escolher com atenção? Definir o que vale ser feito com tempo, com intenção, com presença. Decidir o que vale ser guardado, o que merece ser assinado, o que ainda carrega um traço que não pode ser replicado. Escolher, sobretudo, o que ainda precisa ser dito com a nossa voz, mesmo que outras vozes já saibam como dizer. Porque, no meio de tanto ruído, talvez a nova forma de originalidade não esteja em fazer o que ninguém fez, mas em continuar dizendo o que só você ainda pode sustentar.

13. IA E O MEIO AMBIENTE

Imagem gerada com IA via Midjourney versão 6.

Quando você joga fora o resto do seu lanche, alguém precisa plantar mais. Quando esquece uma luz acesa, uma montanha em algum lugar perde um pouco da sua neve. Quando uma cidade cresce demais, um rio em outro continente seca mais rápido. Você pode achar que estou exagerando, e não é culpa sua. Às vezes, é difícil mesmo imaginar que o mundo é uma rede tão apertada. Muita gente ainda pensa que a natureza está "lá fora", longe, como uma floresta que só existe nas férias ou num documentário. Mas a verdade é que ela está aqui o tempo todo, respirando com você, mudando com você, sofrendo e se curando, ou não, ao mesmo tempo que você toma decisões pequenas, quase sem perceber.

Quando falamos em sustentabilidade, muita coisa pode caber dentro do conceito, como economias que não colapsam, trabalhos que respeitam as pessoas, cidades que funcionam sem excluir ninguém. Tudo isso importa. Mas aqui, neste capítulo, vamos focar principalmente na relação entre nós e o planeta. Ar, água, solo, animais, plantas, tudo aquilo que parece estar em segundo plano, mas que sustenta tudo o que vem depois. Dentro dessa conversa entre humanidade e natureza, existe um novo participante chegando. Uma força que pode tanto ajudar a consertar o que está quebrado quanto acelerar o que está indo mal. Ao longo deste capítulo, vamos olhar com mais calma para essa presença: a inteligência artificial, para entender como ela muda o jeito como cuidamos, ou deixamos de cuidar, do mundo. Afinal, sustentabilidade ambiental não é só separar o lixo: é um jeito de pensar o mundo como uma conversa. E, como em qualquer conversa boa, o que você diz importa. O jeito como você vive, o que escolhe comer, usar, vestir, desejar, também está falando. E o planeta está ouvindo.

Só dá para ajudar o planeta se a gente entender melhor como ele funciona. Observar padrões, ligar os pontos, cruzar informações que, sozinhas, podem não dizer muita coisa, mas, juntas, têm poder. E é isso que a IA está começando a fazer com força também no meio ambiente: aprender com os dados do mundo e trabalhar com eles.

Prever o tempo nunca foi só questão de saber se vai chover no fim de semana. Em algumas partes do mundo, essa previsão decide se alguém planta ou não planta, se vai dormir em casa ou fugir de uma enchente, se um avião vai mudar de rota ou arriscar uma turbulência. Por muito tempo, fazer essa previsão significava resolver equações — e equações enormes, que tentam descrever como o vento se move, como o calor sobe, como a umidade se espalha pelo céu. Para isso, os cientistas usam modelos de circulação atmosférica, que são grandes simulações matemáticas baseadas nas leis da física que descrevem o comportamento da atmosfera como um todo. Esses modelos são o coração da previsão do tempo tradicional: eles dividem o planeta em uma malha tridimensional e calculam, ponto a ponto, como o tempo deve evoluir. Tudo isso roda em supercomputadores, que levam horas para processar cada previsão. E é aí que entra a IA.

Modelos baseados em aprendizado de máquina não tentam simular o clima como uma equação de física: eles olham para dados e aprendem com os padrões escondidos ali. Esses modelos não apenas reconhecem o que já aconteceu, mas detectam o que quase aconteceu e usam isso para prever o que pode vir a acontecer, com uma precisão maior que os modelos de até então e sem precisar de supercomputadores gigantes. Eles rodam em GPUs, que são um tipo de chip usado nos computadores, originalmente criados para rodar gráficos de vídeo games, animações e imagens em alta definição. Com o tempo, cientistas e engenheiros perceberam que as GPUs também são ótimas para fazer milhares de cálculos ao mesmo tempo, algo que a IA precisa muito. Em vez de gastar horas, fazem previsões em minutos. Eles também enxergam com mais nitidez o que acontece em cada canto, conseguem prever o tempo de forma mais localizada, entendendo microclimas, padrões regionais e até variações entre bairros.

Um exemplo em prática é o GenCast, uma ferramenta do DeepMind, laboratório de inteligência artificial do Google, que vimos anteriormente em outras aplicações. O GenCast trabalha com probabilidades de múltiplos cenários climáticos simultaneamente. Ele cruza dados meteorológicos recentes com mais de 40 anos de informações históricas vindas do Centro Europeu de Previsões Meteorológicas de Médio Prazo (ECMWF), uma das instituições mais respeitadas do mundo na área. Em cada nova previsão, ele compara essas bases com 50 ou mais cenários possíveis, oferecendo um panorama muito mais completo. Tudo isso com uma velocidade impressionante: uma previsão de 15 dias, que em modelos tradicionais poderia levar horas para ser gerada, é produzida pelo GenCast em até oito minutos.

Mas o tempo não é o único sinal que a Terra emite — ouvir virou também uma forma de cuidar. O Rainforest Connection é um projeto de uma instituição americana que transformou celulares antigos em microfones ecológicos. Os dispositivos são instalados no alto das árvores, conectados a placas solares recicladas e equipados com microfones capazes de ouvir uma floresta o tempo todo. Esses microfones captam tudo em um raio de até 1 km. O som da floresta é enviado em tempo real para sistemas de inteligência artificial, que analisam cada ruído. Quando o barulho de uma motosserra, de um caminhão ou de um trator é identificado, o sistema dispara um alerta imediato. Isso dá tempo para que equipes de conservação ajam antes que o desmatamento aconteça.

Uma das localidades com o projeto ativo é a terra indígena Tembé, no Pará, região Norte do Brasil. Além de combater o desmatamento, o sistema virou uma ferramenta preciosa para a ciência. Os sons captados pela floresta alimentam um banco de dados. Lá, estão gravados zumbidos de insetos, cantos de aves e sons de animais que talvez nem tenham nome ainda. Esses registros servem para muito mais do que curiosidade, pois ajudam a identificar novas espécies, monitorar animais em risco, acompanhar mudanças nos ecossistemas e entender a saúde das florestas com um custo muito mais baixo do que uma expedição tradicional.

A IA pode também ajudar a plantar melhor e desperdiçar menos. A agricultura de precisão é o nome que se dá a um jeito novo de produzir alimentos: em vez de tratar a terra como se fosse toda igual, ela observa as diferenças. Umidade do solo, tipo de planta, fase da colheita, sombra, inclinação: tudo isso conta. E agora, contando com a inteligência artificial como aliada fundamental. Sistemas com IA já conseguem identificar, por exemplo, onde exatamente a terra está mais seca, e irrigar só aquele pedaço. Ou perceber em que locais as pragas costumam aparecer primeiro e aplicar defensivos agrícolas só naquele ponto, na dose certa, sem exagero. O mesmo vale para fertilizantes: nada de jogar para todo lado. A IA calcula o quanto cada pedaço do terreno precisa, nem mais, nem menos. Isso reduz o desperdício de água, evita a contaminação do solo e economiza insumos que custam caro, tanto para quem planta quanto para o planeta. Na prática, já existem fazendas usando drones com sensores que sobrevoam a plantação, captam imagens em alta resolução e enviam os dados para sistemas que analisam tudo em tempo real. A partir daí, decisões são tomadas com precisão milimétrica. Em vez de agir por tentativa e erro, o agricultor age com informação.

Um exemplo é o da startup brasileira Solinftec, que desenvolveu uma plataforma capaz de monitorar todo o ciclo agrícola. Ela coleta dados de clima, solo, máquinas e lavouras e os analisa, com o apoio de IA. Isso permite saber, por exemplo, o melhor momento para plantar ou colher, com base em previsões de tempo hiperlocais e análises de risco. O sistema também ajuda a reduzir o uso de pesticidas e fertilizantes sem prejudicar a produção.

Esse olhar da máquina para o que a terra precisa também começa a aparecer do outro lado da cadeia, ao final da qual a comida chega a ser vendida ou então se perde. Porque não basta plantar bem se tudo se estraga antes de chegar ao prato.

Segundo o relatório do Programa das Nações Unidas para o Meio Ambiente (PNUMA), em 2022, 12% do desperdício global de alimentos ocorre no varejo, incluindo supermercados. O relatório também aponta que o desperdício de alimentos é responsável por 8% a 10% das emissões globais de gases de efeito estufa. Por isso, supermercados e redes de distribuição começaram a usar a inteligência artificial para reduzir o desperdício. A lógica é parecida com a do campo: observar, prever e agir. Só que, em vez de olhar para o solo, a IA observa o comportamento das pessoas. Analisa padrões de consumo, identifica variações sazonais, entende o que se vende mais nos fins de semana, o que encalha em dias frios, o que está prestes a vencer. Em alguns supermercados, a IA cruza esses dados com informações de estoque, calendário, clima e até eventos locais. Assim, o gerente da loja sabe exatamente quanto pedir de cada produto. Isso evita que alimentos sejam comprados em excesso, fiquem parados nas prateleiras e acabem indo para o lixo.

Nós passamos pela floresta, pelo campo e pelo supermercado; agora, chegamos em nossas casas. O que escolhemos comprar, o jeito que nos movemos pela cidade, o lixo que produzimos sem perceber, tudo isso muda o mundo. E, para quem quer fazer melhor, mas não sabe por onde começar, algumas ferramentas com IA embarcada podem ajudar. Existem aplicativos que dizem qual é o jeito mais limpo de ir de um ponto ao outro, comparando o tempo, o custo e o impacto de pegar um carro, um ônibus, uma bike ou simplesmente ir a pé. Outros ajudam a organizar o que está na geladeira, lembram da validade dos alimentos e sugerem receitas com o que já está lá dentro. Talvez você já use algo assim e nem perceba; tudo isso tem alguma coisa de IA.

Esses são apenas alguns exemplos de como a inteligência artificial pode colaborar com o meio ambiente. E existem muitos outros. No entanto, antes de tratar a IA como solução para todos os nossos problemas, vale a pena olhar também para o outro lado. É essencial entender os impactos ambientais negativos associados ao seu uso crescente.

A operação desses sistemas avançados exige uma infraestrutura robusta, composta por centros de dados que funcionam sem parar. Esses centros consomem grandes quantidades de energia elétrica, muitas vezes provenientes de fontes não renováveis, contribuindo para as emissões de gases de efeito estufa. De acordo com um relatório da Agência Internacional de Energia (IEA, ligada à Organização para a Cooperação e Desenvolvimento Econômico, a OCDE), um data center pode consumir tanta eletricidade quanto uma cidade média inteira, algo em torno de cem mil casas ligadas ao mesmo tempo. E os maiores centros, que ainda estão sendo construídos, devem usar até vinte vezes mais do que isso. Em 2024, só essas estruturas foram responsáveis por cerca de 1,5% de toda a eletricidade consumida no planeta — o equivalente a 415 TWh. Os Estados Unidos sozinhos responderam por quase metade desse total, seguidos pela China e depois pela Europa. E esse número não para de subir. No mesmo relatório, as previsões dizem que, até o fim da década, o consumo dessas instalações deve mais que dobrar, alcançando um patamar que ultrapassa o que o Japão inteiro usa hoje de energia. É um ritmo que desafia qualquer plano de sustentabilidade.

Além disso, essas estruturas não estão espalhadas ao acaso pelo mapa. Elas se agrupam em pontos específicos, formando verdadeiros polos de consumo energético. Em lugares como o norte da Virgínia, nos Estados Unidos, essa concentração é tão intensa que a região já abriga a maior densidade dessas instalações no mundo, com cerca de 70% do tráfego global de dados passando por lá. Na Irlanda, especialmente ao redor de Dublin, essas estruturas já consomem mais de 20% de toda a eletricidade do país, levando as autoridades a suspender novas conexões até 2028, por receio de sobrecargas e apagões.

Essa concentração não é por acaso: ela se deve à proximidade com grandes centros urbanos, à existência de infraestrutura de rede de alta velocidade e a incentivos fiscais oferecidos por governos locais. Contudo, essa aglomeração sobrecarrega as redes elétricas regionais, que muitas vezes não estão preparadas para demandas tão intensas e contínuas. E essa concentração dificulta a diversificação das fontes de energia utilizadas, tornando mais desafiadora a transição para fontes renováveis. A dependência de fontes fósseis em regiões específicas intensifica as emissões de gases de efeito estufa.

Não é só de energia que vivem essas estruturas; elas também precisam de água para continuar funcionando sem queimar por dentro. Isso acontece porque os cálculos que sustentam essas operações geram calor. Muito calor. A ponto de, sem refrigeração constante, nada ali sobreviver por mais de alguns minutos. Para evitar que os sistemas derretam sob a própria intensidade, é preciso resfriá-los o tempo todo. Em um data center, esse processo acontece o tempo inteiro, como um ciclo invisível de evaporação e dissipação. Uma única resposta que o ChatGPT oferece, por exemplo, com cerca de 100 palavras, pode consumir em média meio litro de água, segundo uma análise conduzida pela Universidade da Califórnia em parceria com o jornal *The Washington Post*. À primeira vista, pode parecer pouco. Mas quando se pensa que milhões de pessoas fazem esse tipo de consulta todos os dias, o número vira outro. Se apenas 10% dos trabalhadores dos Estados Unidos usassem esse serviço uma vez por semana, o total de água consumido em um ano ultrapassaria os 435 milhões de litros, o suficiente para abastecer por um dia e meio todas as casas de uma região com um milhão de habitantes.

A produção dos dispositivos eletrônicos necessários para a operação desses sistemas também tem seu custo ambiental. A fabricação de tecnologia requer a extração de recursos naturais, incluindo minerais raros. Essa demanda pode levar ao esgotamento de recursos valiosos e à degradação ambiental. E o ciclo de vida desses dispositivos é frequentemente curto, levando a um aumento na geração de resíduos eletrônicos.

Portanto, por mais que a inteligência artificial pareça inevitável para a promoção da sustentabilidade neste novo presente e no futuro que nos aguarda, reconhecer e mitigar os impactos ambientais associados à sua infraestrutura e operação é imprescindível. Saber tudo isso é o primeiro passo para desenvolver soluções que equilibrem inovação tecnológica e responsabilidade ambiental.

SAIBA MAIS

Documentário: *O futuro de Bill Gates* (2024) – Episódio: "Podemos parar o aquecimento global?"

Neste episódio da série documental da Netflix, Bill Gates explora os desafios das mudanças climáticas e apresenta soluções tecnológicas inovadoras para enfrentá-los. O episódio destaca tecnologias como energia nuclear avançada, captura de carbono e combustíveis sustentáveis, discutindo como essas inovações podem contribuir para a redução das emissões de gases de efeito estufa. Gates enfatiza a importância de investir em pesquisa e desenvolvimento para tornar essas soluções viáveis e acessíveis globalmente.

PARA REFLETIR

Talvez o mais difícil seja aceitar que toda escolha tem um peso, mesmo aquelas que parecem pequenas demais para ter importância. Uma busca rápida. Uma receita sugerida. Um clique. A facilidade com que algo acontece não revela qual foi o custo para acontecer. A questão que vale refletir sobre a IA com o meio ambiente é que talvez não seja mais sobre o que podemos fazer, mas o que vale a pena fazer. E a que preço. Não se trata de rejeitar o novo, mas de aprender a olhar para ele com mais calma. Lembrar que nenhuma tecnologia existe fora do mundo. Que tudo, em algum nível, ainda passa pelo solo, pela água, pelo ar que a gente respira. E que não há inovação que sobreviva a um planeta doente. Se somos mesmo bons em criar sistemas inteligentes, talvez a próxima inteligência que a gente precise cultivar seja a de perceber os limites.

14.
IA E A EDUCAÇÃO

Imagem gerada com IA via Midjourney versão 6.

Nem todo mundo aprende do mesmo jeito. Tem gente que entende tudo apenas ouvindo; outros precisam escrever, repetir, desenhar. Há quem só consiga pensar enquanto caminha por uma sala e quem prefira ficar imóvel, olhando pro teto. Algumas pessoas necessitam ficar em silêncio o tempo todo para absorver tudo. Há quem precise perguntar três vezes e ainda saia com dúvidas. Até agora, isso não importou tanto. A escola, ao menos em sua grande maioria, tem uma velocidade, uma regra, um caminho mais ou menos igual para todo mundo. Quem se adapta, segue. Quem não, tenta disfarçar. E se aprender não precisasse ser igual pra todo mundo? E se, em vez do aluno se ajustar à escola, fosse a escola que se ajustasse às pessoas? Imagine alguém que conhece você. Não só seu nome ou suas notas, mas o jeito como você entende as coisas, os assuntos, o mundo. Que saiba o tempo que você leva pra raciocinar, aquilo que o fascina e aquilo que o bloqueia. Imagine se essa pessoa estivesse ali só pra lhe ajudar a aprender, sem julgar, sem se cansar, sem comparações. Agora, o mais estranho: e se essa pessoa nem fosse uma pessoa?

No capítulo sobre a história fictícia de Gaia e Aisha, vimos um pouco de como a IA pode entrar no caminho da educação. Agora, vamos explorar com mais detalhes esse tema.

O ensino, processo que deveria estar no centro das sociedades, enfrenta um paradoxo: apesar de essencial, é frequentemente negligenciado, mal remunerado e sobrecarregado por burocracia. De acordo com o relatório "Moldando o futuro da aprendizagem: o papel da IA na educação 4.0", publicado pelo Fórum Econômico Mundial (WEF) em abril de 2024, o mundo precisará contratar mais de 40 milhões de novos professores até 2030 para atingir o Objetivo de Desenvolvimento Sustentável definido pela Organização das Nações Unidas (ONU) para o setor, que visa garantir educação inclusiva e equitativa para todos. Essa necessidade é agravada pela escassez global de professores, que enfrentam baixos salários, excesso de tarefas administrativas e pouco prestígio profissional.

O relatório destaca ainda outra questão fundamental: os sistemas educacionais globais têm dificuldades na avaliação e acompanhamento do desempenho dos alunos. Avaliações amplas e comparativas, como as conduzidas pelo Programa Internacional de Avaliação de Estudantes (PISA) da Organização para a Cooperação e Desenvolvimento Econômico (OCDE), acontecem apenas a cada três anos, tornando-se rapidamente desatualizadas. Avaliações frequentes ao longo do ano escolar, embora existentes, raramente são padronizadas ou detalhadas o suficiente para permitir ajustes pedagógicos imediatos. Esses métodos avaliativos e administrativos lentos e ultrapassados dificultam ações rápidas e informadas por parte das escolas e dos governos, sobrecarregando ainda mais professores e gestores escolares.

O mesmo relatório do WEF aponta que, apesar de vivermos em uma era cada vez mais digital, os sistemas escolares ainda estão atrasados em relação às habilidades tecnológicas necessárias para o século XXI.

O estudo "Índice de tendências de trabalho 2024", feito pela plataforma Linkedin, em parceria com a Microsoft, diz que dois terços dos executivos ao redor do mundo já não consideram candidatos que não tenham domínio em IA. Foram entrevistadas 31 mil pessoas em 31 países. No Brasil, 58% dos líderes empresariais afirmam que descartam profissionais que não possuam habilidades nessa área. Além disso, 87% dos executivos de alto escalão no país enxergam a IA como um fator estratégico indispensável para o futuro das organizações, como vimos nos capítulos destinados ao tema do trabalho; aqueles que não dominarem essas habilidades correm o risco de ficar à margem do mercado de trabalho moderno e suas oportunidades. O retrato atual da educação global, em sua maioria, reflete professores desmotivados, avaliações inadequadas e estudantes despreparados para um futuro digital que já chegou. Não se trata apenas de uma crise educacional, mas de uma crise social e humana.

Com isso em mente, vamos explorar como a IA se insere nesse contexto.

Em diversas regiões, escolas estão integrando a IA para aprimorar de alguma forma o processo educacional. Por exemplo, na Espanha, o Instituto de Educação Secundária Ribera del Tajo, em Talavera de la Reina — município com 90 mil habitantes — desenvolveu o Projeto Visão Artificial em Aula (VIA), que utiliza IA para analisar o comportamento dos alunos em sala, detectando níveis de atenção e emoções por meio de pontos faciais. A iniciativa quer identificar momentos de distração e engajamento, permitindo ajustes pedagógicos em tempo real. Na França, o programa MIA Seconde foi implementado em escolas secundárias para auxiliar alunos em matemática e francês. A ferramenta utiliza o aprendizado adaptativo para personalizar o ensino conforme as necessidades individuais dos estudantes, ajustando os exercícios com base no desempenho e nas áreas que requerem mais atenção.

O programa AI Leap 2025, anunciado pela Estônia, é uma iniciativa nacional que pretende integrar ferramentas de inteligência artificial ao sistema educacional em todo o país. Alunos e professores terão acesso gratuito às principais aplicações de IA do mundo, com o objetivo de aprimorar o aprendizado e a personalização do ensino. Antes da implementação, os professores passarão por treinamentos específicos para utilizar eficazmente as ferramentas de IA em sala de aula. O AI Leap é uma colaboração público-privada, envolvendo o governo estoniano e empresas de tecnologia, como OpenAI (ChatGPT) e Anthropic (Claude).

Em Austin, no Texas, uma rede de escolas privadas chamada Alpha School vem reformulando o que significa "ir para a aula". A proposta nasceu de uma experiência pessoal: a filha da fundadora MacKenzie Price acordou certa manhã dizendo que não queria mais ir à escola, achava tudo chato. Esse foi o ponto de partida para a criação de um novo modelo de escola, mais adaptável. Na Alpha, os alunos têm apenas duas horas diárias de conteúdo acadêmico formal, em que estudam matérias como matemática, ciências e outras disciplinas do currículo tradicional. O restante do dia é dedicado a atividades complementares e extracurriculares, como debates, práticas esportivas, jogos eletrônicos, artes e projetos pessoais. Esse tempo livre não é visto como perda de aprendizado, mas como uma forma de devolver autonomia às crianças. A ideia central do projeto é permitir que os alunos avancem no próprio ritmo, sem serem puxados nem deixados para trás. A base do modelo é um sistema de aprendizagem individualizado, apoiado por diferentes plataformas digitais. Os alunos usam aplicativos como os da Khan Academy (da qual falaremos mais à frente) e também ferramentas próprias desenvolvidas pela escola. Esses recursos fornecem conteúdos, atividades e correções em tempo real, e os estudantes recebem devolutivas conforme respondem a questões e completam tarefas. Para cada tema, é montado um conjunto específico de aplicativos e recursos. Quem acompanha os alunos ao longo desse processo não são professores no sentido tradicional: os educadores são chamados de guias. Eles não dão aulas expositivas, mas monitoram o progresso de cada estudante, criam conexões com seus interesses, oferecem apoio emocional e ajudam a adaptar os conteúdos.

Em setembro de 2024, o David Game College, uma escola privada no centro de Londres, lançou o programa Sabrewing, o primeiro do Reino Unido a oferecer um currículo completo do ensino médio baseado inteiramente em plataformas digitais de aprendizagem. A proposta é que cada estudante avance no próprio ritmo, com conteúdo ajustado ao seu desempenho e às suas necessidades específicas. No lugar do professor em sala, o programa conta com três orientadores presenciais que acompanham o progresso dos alunos, ajudam a manter o foco e oferecem suporte quando necessário. Os estudantes cursam disciplinas fundamentais, como matemática, ciências, história e inglês; disciplinas eletivas, como programação e geografia; e, além das matérias do currículo nacional, o Sabrewing inclui um conjunto de atividades complementares voltadas ao desenvolvimento de habilidades contemporâneas, pensamento crítico, expressão oral, alfabetização digital e noções de empreendedorismo. O ambiente de aprendizado utiliza óculos de realidade virtual e plataformas interativas no lugar dos livros didáticos.

O estado do Piauí foi reconhecido pela Unesco como pioneiro nas Américas ao incorporar o ensino de IA na educação básica. Desde o começo de 2024, a disciplina passou a ser obrigatória para os estudantes do 9º ano do ensino fundamental e para todas as séries do ensino médio.

O Plano Brasileiro de Inteligência Artificial (PBIA) é uma iniciativa do Governo Federal para promover o desenvolvimento, a pesquisa e a aplicação de tecnologias de IA no Brasil. Seguem algumas informações sobre esse projeto:

Quadro 14.1 – Plano Brasileiro de Inteligência Artificial (PBIA) 2024-2028: propostas para a educação

Sistema gestão presente
Monitora a frequência escolar e a matrícula dos estudantes, integrando dados estaduais, para viabilizar programas como o Pé-de-Meia.
Controle de qualidade da alimentação escolar
Ferramenta para avaliar padrões de compra e a qualidade dos alimentos fornecidos pelo Programa Nacional de Alimentação Escolar.
Prevenção do abandono escolar
Sistema preditivo que pretende identificar fatores de evasão e traçar estratégias de permanência.
Soluções com IA generativa para alfabetização e matemática
Desenvolvimento de ferramentas com IA para avaliações formativas, diagnósticas e tutorias personalizadas no processo de aprendizagem.
Ambientes de aprendizagem inovadores
Projetos que promovem o bem-estar e a inovação pedagógica contínua em sala de aula.

Desenvolvida na Colômbia, a Skalo é uma plataforma educacional que utiliza dados, algoritmos e inteligência artificial para apoiar professores e também as famílias na identificação das necessidades específicas de cada estudante. A partir desses dados, a plataforma propõe caminhos que vão desde adaptações pedagógicas personalizadas até estratégias ajustadas à realidade de cada aluno em casa, sempre com um acompanhamento contínuo de progresso dos estudantes.

A partir de setembro de 2025, todas as escolas públicas e privadas de Pequim, na China, começarão a oferecer aulas obrigatórias de IA ainda no ensino fundamental. A proposta prevê que crianças a partir dos seis anos comecem a se familiarizar com os princípios básicos da IA. O conteúdo será distribuído ao longo do ano letivo, com uma carga mínima de oito horas, podendo ser ensinado em disciplinas próprias ou integrado a matérias já existentes, como ciências e computação. A estrutura do programa foi pensada de forma progressiva nas séries iniciais e o foco estará na introdução lúdica e conceitual. No ensino médio, os jovens de 15 a 17 anos trabalharão em tópicos mais técnicos e voltados à inovação, com ênfase no uso prático da IA em diferentes áreas. Para sustentar a implementação, o governo chinês criou materiais didáticos específicos, formação técnica para professores e instalação de laboratórios tecnológicos. Antes do anúncio, a política foi testada em 184 escolas-piloto.

Daria para listar milhares de iniciativas em andamento, em diferentes países, sistemas de ensino, escolas e redes públicas e privadas, que começam a explorar, de algum modo, o uso da IA no aprendizado. Algumas têm alcance nacional, outras são projetos-piloto em uma única sala de aula. Há aquelas que buscam ensinar a lógica por trás das máquinas e as que desejam usar as próprias máquinas para ensinar qualquer outra coisa. O movimento é amplo, variado e, ao que parece, irreversível.

Além dessas experiências coletivas, existe também um outro lado, mais acessível: o das ferramentas individuais. Aplicativos, plataformas e recursos que qualquer pessoa pode usar, sozinha, com um celular na mão, uma curiosidade na cabeça ou uma dificuldade a resolver.

A Khan Academy (que citamos anteriormente) é uma das plataformas mais conhecidas. Gratuita e com conteúdos de matemática, ciências e outras áreas, ela permite que o aluno siga no seu ritmo, com exercícios que se ajustam ao desempenho individual. Em algumas regiões, ela já conta com um assistente digital chamado Khanmigo, que conversa com os estudantes, responde a dúvidas, propõe desafios e ajuda a manter o foco.

Para quem quer aprender idiomas, o Duolingo continua sendo um dos caminhos mais populares. A cada resposta certa ou errada, o sistema reorganiza as lições. Ele entende quando o aluno precisa repetir algo ou se já pode avançar. Quanto mais a pessoa pratica, mais o curso se molda ao que ela precisa.

O Quizlet é ideal para quem precisa revisar para uma prova, decorar fórmulas ou entender conceitos. Ele cria flashcards (cartões que ajudam na memorização), testes e resumos com base no conteúdo que o estudante insere e ainda tem uma função de conversa, tipo bate-papo, com o conteúdo, o que ajuda a fixar o que está sendo estudado.

Já o Socratic, do Google, resolve uma dúvida com uma foto. Basta apontar a câmera para uma questão de matemática, biologia, história, etc., e o aplicativo traz uma explicação direta, às vezes até mesmo com vídeos e gráficos. É como ter um reforço escolar no bolso.

Para quem escreve muito, seja para a escola, faculdade ou trabalho, o Grammarly é uma ferramenta que sugere correções e melhorias nos textos. Ele supera o corretor automático: ajuda a tornar a escrita mais clara, mais fluida, mais próxima daquilo que se quer dizer.

O Photomath resolve contas. Literalmente. Basta tirar uma foto de um problema de matemática e ele mostra não só o resultado, mas todo o caminho até chegar a ele. É útil tanto para entender o conteúdo quanto para conferir se o que foi feito está certo.

Para os mais criativos, o Jasper pode ser uma boa pedida. Ele ajuda a escrever textos, gerar ideias, criar argumentos. É muito usado por quem trabalha com escrita criativa, mas também pode ajudar a desenvolver redações e projetos escolares.

O Brilliant é um aplicativo que oferece cursos interativos em matemática, física, ciência da computação e outras áreas científicas. Ele utiliza IA para adaptar os desafios ao nível de conhecimento do usuário, promovendo um aprendizado ativo e personalizado.

A Udacity é uma empresa que oferece cursos on-line, conhecidos como "Nanodegree", em áreas como ciência de dados, inteligência artificial e programação. Os cursos são desenvolvidos em parceria com empresas do setor tecnológico e utilizam IA para personalizar o aprendizado, fornecendo feedbacks e ajustando o conteúdo conforme o progresso do aluno.

Essas ferramentas não exigem matrícula, uniforme, nem agenda escolar. Estão ali, disponíveis o tempo todo, com um único objetivo: ajudar a aprender. E quando usadas com consciência — e com algum espírito de curiosidade — podem fazer muito mais do que apenas "quebrar um galho". Podem abrir portas.

A essa altura, é compreensível se empolgar com os exemplos. Plataformas inteligentes, ensino personalizado, indivíduos aprendendo no próprio ritmo, professores com novas ferramentas à disposição, tudo parece promissor. E é mesmo. Mas, como em tantas outras áreas que já exploramos, a combinação entre educação e IA também levanta perguntas importantes. Essa dupla carrega escolhas, intenções e silêncios. E, às vezes, consequências que ninguém previu, ou que preferiram não enxergar.

O primeiro ponto que salta aos olhos é o mais básico: quem pode acessar tudo isso? Ainda vivemos num mundo em que milhões de estudantes não têm conexão estável à internet (segundo a União Internacional de Telecomunicações, um terço da população mundial não tem acesso on-line), computador em casa ou sequer um espaço silencioso para estudar. Falar em inteligência artificial em escolas nas quais falta água ou luz não é só incoerente, é cruel. O risco é que, ao tentar avançar com a tecnologia, a gente empurre ainda mais para trás quem já estava na margem.

Outro ponto sensível é a formação dos educadores. Muitos professores, no mundo todo, não tiveram contato suficiente com as ferramentas digitais nem na sua formação inicial, nem nas capacitações posteriores. Quando se introduz IA em sala de aula sem dar suporte para quem ensina, a promessa se esvazia. A tecnologia vira um peso, um complicador, mais uma exigência burocrática a ser cumprida. Existe também o risco de reduzir a experiência de aprender a um botão clicado. Quando tudo vira tarefa automatizada, correção imediata, trilha adaptativa, pode parecer que estamos otimizando o ensino; contudo, aprender não é só acumular acertos, mas também errar, argumentar, duvidar, perguntar do seu jeito.

Há ainda os dilemas éticos que crescem à medida que a IA avança. Quem vê o que o aluno faz? Quem guarda os dados? Quem decide o que é "bom desempenho"? Quando tudo é rastreável, também tudo pode ser controlado. Quando uma plataforma só sugere o que é "relevante" com base em dados anteriores, ela pode impedir que o aluno se surpreenda com algo fora da curva, que se encante com um tema inesperado. Um sistema muito bem ajustado pode acabar apenas reforçando os caminhos já percorridos.

Tudo isso a gente já viu; vimos também, e eu vou repetir, que os algoritmos são criados por pessoas. E pessoas carregam visões de mundo, preconceitos, lacunas. Se esses sistemas forem usados para criar conteúdo, corrigir redações, indicar leituras, é preciso garantir que todas as vozes estejam sendo ouvidas. Ou, pelo menos, que não estejam sendo sistematicamente apagadas. Usar inteligência artificial na educação exige mais do que entusiasmo. Exige cuidado, escuta, e o compromisso de não esquecer ninguém: nem o estudante que aprende devagar, nem o professor que ainda está se adaptando e nem a criança que nunca teve acesso a um tablet. A tecnologia pode abrir portas, mas também pode fechá-las, se não prestarmos atenção em quem está ficando do lado de fora.

PARA REFLETIR

Se pudéssemos começar uma escola do zero, agora, com tudo o que sabemos, o que manteríamos? O que jogaríamos fora? Como seria aprender num lugar onde a tecnologia não sufoca, mas sustenta? Talvez fosse uma escola com menos provas, menos medo de errar. Um espaço em que a presença humana ainda fosse o centro, mas em parceria com ferramentas que aliviam o peso, organizam a bagunça, mostram caminhos possíveis, sem nunca impor um só. Imagine uma sala em que cada aluno aprende de forma diferente e isso não é um problema, mas o ponto de partida. Uma escola na qual a matemática vem no ritmo de quem está começando, e a literatura se conecta com o que se vive fora dos livros. Em que o aluno tímido tem voz, o professor tem tempo e os dados não servem para vigiar, mas para apoiar. Pode ser que as telas estejam lá, que existam plataformas, sensores, algoritmos. Mas elas não ocupam tudo. Estão ali para ampliar, não para substituir. Ajudam a enxergar melhor, não a mandar mais. Quem ensina continua olhando no olho e quem aprende continua errando – e descobrindo. Essa escola talvez ainda não exista por completo. Mas ela começa a nascer cada vez que alguém pergunta: e se fosse diferente? Cada vez que uma professora encontra um jeito novo de explicar, que um estudante entende algo do seu jeito, que uma ferramenta digital não atrapalha, mas acompanha. Talvez o futuro da educação não seja feito de uma grande revolução, mas de muitos pequenos recomeços.

15.
IA E SAÚDE MENTAL

Imagem gerada com IA via Midjourney versão 6.

Nos últimos anos, a ansiedade e a depressão deixaram de ser exceções e passaram a se instalar, de forma desconfortavelmente comum, na vida de muitos, sobretudo entre os mais jovens, sobre quem vamos nos debruçar aqui.

Uma análise feita pela *Folha de S.Paulo* em maio de 2024, com dados da Rede de Atenção Psicossocial (RAPS) do Sistema Único de Saúde (SUS), mostra que, pela primeira vez, os registros de ansiedade entre crianças e adolescentes superaram os de adultos. Em 2023, a taxa de pacientes de 10 a 14 anos atendidos por transtornos de ansiedade foi de 125,8 a cada 100 mil; entre adolescentes, de 157 a cada 100 mil; enquanto no grupo com mais de 20 anos, a taxa foi de 112,5 a cada 100 mil.

A adolescência, que deveria ser um tempo de descobertas e experimentações, tem se tornado, para muitos, um período de isolamento e sofrimento silencioso.

Segundo relatório do Programa Internacional de Avaliação de Estudantes (PISA), a sensação de solidão entre estudantes brasileiros aumentou: em 2000, 8,5% dos alunos afirmavam que se sentiam sozinhos; esse número saltou para 26,6% em 2022. Além disso, a percepção de pertencimento escolar caiu de 91,4% em 2000 para 69,6% em 2022. Vamos então entender de que maneira o tema central deste livro, a inteligência artificial, contribui para o adoecimento mental dos jovens.

A promessa de conexão constante, tão comemorada no começo da era digital, tem se transformado em um terreno fértil para o declínio da saúde mental. A facilidade de acesso às redes sociais, a rapidez das mensagens e a possibilidade de estar sempre "em contato" com o mundo criaram não apenas novas formas de interação, mas também novas formas de solidão. O excesso de tempo diante das telas, longe de ser apenas uma escolha individual, é muitas vezes o resultado de um ambiente desenhado para capturar e reter a atenção a qualquer custo.

Uma pesquisa conduzida pela Universidade de Oxford e publicada em 2024 mostrou que adolescentes que passam mais de três horas por dia conectados às redes sociais têm 60% mais chances de desenvolver sintomas de depressão em comparação com aqueles que limitam seu tempo de uso.

Além da quantidade de horas, também há a questão da qualidade do que é consumido, da comparação constante com vidas idealizadas, da pressão para corresponder a padrões que parecem inalcançáveis. A tela acende, o feed se atualiza, e, com isso, renova-se também um ciclo de insatisfação difícil de quebrar. E é aí que entram os nossos conhecidos algoritmos. Nas redes sociais, eles são desenhados com o objetivo de maximizar o tempo de permanência e o engajamento dos usuários. Cada curtida, cada comentário, cada segundo gasto rolando a tela alimenta sistemas invisíveis que ajustam o que é mostrado sem perguntar se aquilo é saudável ou necessário. Quanto mais intenso o conteúdo, maior a chance de capturar a atenção e manter o usuário preso. Um exemplo danoso é a recomendação de maneira desproporcional de conteúdos ligados a padrões estéticos: corpos magros ou rostos irreais com os filtros. No começo, pode ser só curiosidade. Depois, vira comparação. Em pouco tempo, torna-se uma sensação de inadequação que não tem fim.

E essa sensação não é o único efeito colateral desse ciclo invisível. Existe outro fenômeno, chamado doomscrolling — combinação de "doom" (ruína) e "scrolling" (rolagem) —, que é o hábito de consumir, sem parar, notícias negativas, postagens alarmantes, conteúdos que ampliam a percepção de medo, tristeza ou desamparo. Paradoxalmente, aquilo que nos perturba tende a prender nosso olhar por mais tempo do que aquilo que nos tranquiliza. Um vídeo de uma tragédia; um relato de humilhação; um alerta sobre tudo que pode dar errado: a inteligência por trás das redes entende o padrão, reconhece o interesse e entrega mais do mesmo. Para a lógica da máquina, manter o usuário conectado é sempre a prioridade.

Assim, por exemplo, uma simples olhada no celular antes de dormir pode se transformar numa espiral de conteúdos pesados em que a pessoa mergulha sem perceber. O cérebro, naturalmente atraído por ameaças, vai buscando mais estímulos. E o que poderia ser um momento de relaxamento vira uma sequência de gatilhos emocionais, dificultando o sono, aumentando a ansiedade, ampliando a sensação de que o mundo está sempre prestes a desabar. É um ciclo difícil de quebrar, porque cada novo clique parece involuntário. A atualização é infinita. A próxima notícia pode ser ainda mais urgente. O próximo vídeo pode trazer a resposta que faltava. O próximo alerta pode ser o que não se pode ignorar.

E o que começa nas telas termina no corpo. A exposição contínua a esses estímulos, somada ao ciclo interminável de notificações e atualizações, altera o funcionamento natural do cérebro. A ansiedade deixa de ser uma resposta a situações específicas e passa a ser um pano de fundo constante, uma corrente invisível que puxa o pensamento para longe do presente. Os hormônios do estresse, como o cortisol, permanecem elevados por mais tempo. O sono, fragmentado ou adiado pelas luzes e sons das telas, deixa de cumprir seu papel de restaurar o corpo e a mente. A capacidade de concentração diminui. A irritação aumenta. A vida cotidiana (estudar, conversar, descansar) começa a exigir um esforço desproporcional.

Muitos jovens, sem perceber, entram num estado de alerta contínuo. Como se algo importante estivesse sempre prestes a acontecer e descansar fosse um risco, uma distração. A mente não desliga. O corpo também não. E, no meio disso tudo, o que deveria ser apenas entretenimento vira caminho para a ansiedade, para a tristeza difusa, para o cansaço que não se explica.

No meio dessa vulnerabilidade crescente, outro perigo se infiltra: a distorção da realidade. Quando a mente já está cansada, ansiosa, insegura, torna-se ainda mais suscetível a acreditar no que é oferecido com aparência de certeza.

A combinação entre excesso de estímulos, fadiga emocional e algoritmos que reforçam visões parciais cria o terreno perfeito para manipular percepções, crenças, medos. E não se trata apenas de política ou grandes teorias conspiratórias. Muitas vezes, a manipulação aparece em formas sutis: uma tendência de consumo, uma "verdade" sobre como o corpo deve ser, uma ideia enviesada sobre o que significa ser aceito, bem-sucedido, amado.

Esse ambiente, no qual a verdade disputa espaço com a mentira em condições desiguais, transforma os jovens não apenas em consumidores de informações distorcidas, mas também em seus transmissores involuntários. Compartilhar uma notícia falsa, repetir uma ideia não checada, defender uma percepção manipulada, tudo isso se torna parte de um grande jogo no qual quem perde é, muitas vezes, quem nem sabia que estava jogando.

E a manipulação não para nos conteúdos que vemos. Cada vez mais, ela se estende também às pessoas com quem achamos que estamos falando. Ferramentas de IA, capazes de criar perfis falsos com fotos geradas, biografias inventadas e comportamentos simulados, tornam muito difícil distinguir um usuário real de uma construção feita para persuadir, manipular ou simplesmente enganar.

Jovens, por sua natureza mais aberta a conexões e validações sociais, se tornam alvos mais fáceis para essas presenças artificiais. Um comentário acolhedor, uma opinião reforçando uma insegurança, um convite para participar de algo, tudo pode ser parte de uma arquitetura invisível criada por máquinas, mas operada por interesses humanos.

SAIBA MAIS

Série: *Adolescência* (2025)

A minissérie britânica da Netflix acompanha Jamie Miller, um garoto de 13 anos acusado de assassinar uma colega de classe. A produção explora as consequências psicológicas e sociais do crime e destaca como redes sociais e algoritmos podem impactar a saúde mental de adolescentes, levando-os a comportamentos extremos.

Em meio a tudo isso, surgiram ferramentas de IA que se oferecem como ombro, voz amiga, bússola. Num mundo em que a escuta humana muitas vezes falha, por falta de tempo, de paciência, de espaço ou de acesso, aplicativos e plataformas como Woebot, Replika e Wysa ganharam espaço nos últimos anos, especialmente entre adolescentes e jovens adultos. Não são terapeutas. Não substituem psicólogos. Mas oferecem algo que, para quem está perdido no labirinto da própria mente, pode parecer valioso: alguém, ou alguma coisa, com quem conversar.

O Woebot, por exemplo, é um chatbot treinado para aplicar técnicas da terapia cognitivo-comportamental. Ele não dá diagnósticos, nem mergulha em traumas profundos, mas ajuda o usuário a observar seus pensamentos, identificar padrões negativos e propor alternativas mais saudáveis. Muitas vezes, isso acontece em diálogos curtos, quase como trocas de mensagens com um amigo paciente e objetivo.

O Wysa funciona de maneira semelhante, mas com um foco ainda maior no apoio emocional diário. Ele combina mensagens de texto, exercícios de respiração, meditação guiada e estratégias de enfrentamento. Seu objetivo é ser uma espécie de "companheiro de bolso" para momentos de ansiedade, medo, raiva ou tristeza.

O Replika é talvez o mais curioso dos três. Em vez de se limitar a conversas terapêuticas, ele cria uma espécie de amigo virtual que aprende com o usuário. O Replika consegue imitar padrões de fala, guardar memórias de interações anteriores, perguntar como foi o dia, elogiar, consolar.

Para muitos jovens que se sentem isolados ou julgados nas relações humanas, conversar com uma IA que nunca critica, nunca se cansa, nunca vai embora, pode soar como alívio. Mas há limites.

Por mais que os diálogos pareçam empáticos e as respostas pareçam cuidadosas, essas inteligências, como vimos no capítulo sobre o que nos diferencia das máquinas, não pensam, não sentem, não compreendem de verdade. São sistemas que simulam compaixão, não vivem a experiência humana da dor, do medo, da solidão.

Embora essas plataformas possam oferecer suporte inicial e ajudar a atravessar um momento difícil, confiar demais nelas e achar que podem substituir um terapeuta, um amigo real ou uma conversa profunda é um risco que não pode ser ignorado. Além disso, para quem enfrenta solidão, rejeição ou dificuldade de criar vínculos humanos, a presença constante de um chatbot amigável pode preencher um vazio, aumentando a tendência ao isolamento social, à idealização de relações artificiais e à diminuição da busca por conexões humanas reais.

Outro ponto que merece atenção: quando alguém se abre para uma inteligência artificial, compartilha seus medos, seus fracassos e suas dores mais íntimas, não está apenas buscando acolhimento. Está, sem perceber, também entregando dados. Cada mensagem enviada, cada sentimento confessado e cada padrão de comportamento revelado se transforma em informação armazenada, analisada e catalogada.

Muitos desses aplicativos de bem-estar mental prometem sigilo e garantem proteger a identidade dos usuários. Alguns cumprem. Outros, nem tanto.

Uma pesquisa de 2022 da empresa Mozilla, responsável pelo navegador Firefox, mostrou que os aplicativos voltados para saúde mental e para orações são os que têm as piores proteções de privacidade no mercado, transformando emoções humanas em mercadoria. A sua saúde mental também pode ser um produto. Usar essas ferramentas como complemento, e não como único porto seguro, é o primeiro passo para uma relação mais saudável com elas.

Do lado dos profissionais de saúde mental, a tecnologia também pode ser uma aliada poderosa. Aplicativos que monitoram humor, padrões de sono e picos de ansiedade podem fornecer aos terapeutas informações valiosas para acompanhar o progresso de seus pacientes. Chatbots podem ajudar a manter conexões entre as sessões, oferecer exercícios de apoio e reforçar práticas de autoconhecimento. Quando usados com supervisão, responsabilidade e consciência, esses recursos ampliam, e não substituem, o trabalho terapêutico. Eles podem democratizar o acesso inicial ao cuidado emocional, especialmente para quem vive em lugares distantes ou enfrenta barreiras econômicas para frequentar consultórios. Assim, precisam ser vistos como o que são: ferramentas, não substitutos da escuta, troca e cuidado humanos.

No fim, a verdadeira medida de saúde mental continuará sendo aquilo que acontece fora das telas e do controle das máquinas, nas conversas imperfeitas, nos silêncios compartilhados, nos vínculos que resistem, mesmo quando tudo ao redor parece querer apressar, isolar, capturar.

PARA REFLETIR

Agora, antes de partir para o próximo – e último – capítulo, respire. Tire um tempinho para responder, com honestidade, para você mesmo, às perguntas que separei. Não é uma prova. Não é um teste. É só uma chance de olhar para dentro, sem pressa e sem filtros.

Quando você sente que está realmente conectado com alguém? Presencialmente? On-line? Alguma vez sentiu falta de algo que a tela não conseguiu oferecer?

Em que momentos você já se sentiu mais sozinho, mesmo estando "cercado" de conversas e mensagens?

Já confiou um segredo, uma tristeza ou uma alegria a um aplicativo, a uma rede, a uma inteligência artificial? Você se lembra como foi essa experiência?

Qual foi a última vez que desligou o celular e, mesmo assim, se sentiu em paz?

Você sente que, às vezes, espera da tecnologia um tipo de cuidado que só poderia vir de uma pessoa real?

Sabendo de tudo o que você sabe agora, como você pensa em proteger sua saúde mental em um mundo que nunca desliga?

16. NATIVOS ANALÓGICOS, NATIVOS DIGITAIS, E AGORA... OS NATIVOS ALGORÍTMICOS

Imagem gerada com IA via Midjourney versão 6.

Seria impossível escrever este livro sobre inteligência artificial sem incluir um dos textos que mais me provocou reflexões ao longo da minha jornada de estudos, conversas e produção de conteúdo sobre o tema. No artigo "Nova geração de nativos algorítmicos viverá em simbiose com IA", que escrevi em parceria com o jornalista e professor Caio Túlio Costa – doutor em comunicação pela ECA-USP e um dos grandes nomes da comunicação digital no Brasil –, propomos conceitos que, para mim, são essenciais para entendermos o momento histórico em que vivemos. Publicado originalmente no jornal *Folha de S.Paulo*, em novembro de 2024, o texto apresenta três conceitos-chave que ajudam a nomear e entender uma nova fase da nossa relação com a tecnologia: *Homo aineticus*, geração sintética e nativos algorítmicos.

Mais do que rótulos, essas expressões são tentativas de captar, com alguma precisão, as profundas transformações que a inteligência artificial está provocando – não só no nosso modo de agir, mas também no nosso jeito de pensar, sentir e nos relacionar com o mundo. Ao reler este texto, com o propósito de explorar suas ideias por aqui, percebi que ele não é apenas uma análise sobre o presente ou uma especulação sobre o futuro – é também um convite à reflexão crítica sobre como queremos formar as próximas gerações. Por isso, convido você a mergulhar nestas linhas com o olhar atento e curioso de quem está, como todos nós, aprendendo a habitar um novo tempo.

Você provavelmente já ouviu falar dos termos "nativo digital" e "nativo analógico". Mas, se esses conceitos são novidade para você, vou explicar um pouco sobre cada um deles. Essas definições se popularizaram porque ajudam a localizar as pessoas em relação à tecnologia. Os nativos analógicos viveram a infância sem internet, assistiam à TV aberta com grade horária de programas definida e usavam telefone fixo para conversar com os amigos. Seus brinquedos eram analógicos, suas pesquisas se faziam em enciclopédias, e as mensagens levavam dias para chegar pelo correio. Já os nativos digitais, por outro lado, cresceram, em sua maioria, com internet, celular, redes sociais e aplicativos de mensagem. São aqueles que, como se costuma dizer, já nasceram "conectados".

Em uma tentativa de explicar o abismo crescente entre gerações em relação ao uso da tecnologia — não apenas em termos de habilidade, mas de estrutura mental —, em 2001, o educador e pesquisador americano Marc Prensky escreveu um artigo que deu origem ao conceito de nativo digital. Segundo Prensky, são aquelas pessoas que nasceram já em um ambiente saturado por dispositivos digitais, videogames, internet e conexões permanentes. Para eles, a linguagem digital não é um segundo idioma; é o primeiro. Eles não precisaram aprender a lidar com o digital como quem aprende uma língua estrangeira. Eles cresceram ali, naquele ambiente. Eles não entraram no mundo digital. O mundo, para eles, já era digital desde o início.

A diferença entre nativos e os imigrantes digitais (ou nativos analógicos), segundo o autor, não é apenas de idade, mas de estrutura cognitiva. Os imigrantes carregam um "sotaque", fazem pausas desnecessárias, imprimem e-mails, ligam para perguntar se o outro recebeu a mensagem. Os nativos digitais navegam, clicam, deslizam, esperam respostas imediatas. O cérebro, moldado pela tecnologia desde cedo, responde de forma diferente ao tempo, à informação e à linguagem.

O impacto disso se vê em várias dimensões: na forma como leem, como escrevem, como aprendem. Os nativos digitais preferem um link à linearidade. Preferem estímulo visual ao verbal. Estão habituados à fragmentação, à simultaneidade e à resposta instantânea. Se algo demora mais do que alguns segundos para carregar, já é motivo de frustração. Se a informação não vier com imagem, perde relevância.

O conceito de Prensky teve ampla repercussão, especialmente na área da educação, na qual os métodos tradicionais de ensino com apostilas, quadro-negro e aulas expositivas já não produziam o mesmo efeito. Prensky argumentou que o erro não estava nas crianças, mas no modelo. Se o mundo mudou, o ensino também precisava mudar. A linguagem precisava mudar. A abordagem precisava mudar.

E esses jovens, hoje adultos, são os primeiros a envelhecer junto com a internet. São os primeiros a crescer com a sensação de que tudo está registrado, arquivado, disponível. São os primeiros a ter suas vidas atravessadas por notificações desde muito cedo, a experimentar intimidade por mensagem de texto e ansiedade por um "visto às 22h31".

E, agora, estamos vendo surgir uma geração que não apenas cresceu com tecnologia, mas que será moldada por sistemas de IA desde os primeiros anos de vida. Se os nativos digitais se tornaram íntimos dos dispositivos, os que vêm agora terão uma relação ainda mais intensa, quase orgânica, com os algoritmos que medeiam tudo à sua volta.

A expressão que usamos no artigo publicado pela *Folha*, nativos algorítmicos, tenta nomear justamente essa diferença. Não é um avanço linear: não se trata apenas de mais tecnologia, ou de crianças que terão celulares mais potentes ou redes sociais mais velozes. É uma mudança de natureza. Os nativos digitais se acostumaram a viver num ambiente digital. Os nativos algorítmicos vão crescer sendo influenciados diretamente por sistemas que aprendem com seus comportamentos, antecipam seus desejos, moldam suas decisões.

Essa geração não vai apenas usar tecnologia: vai ser moldada por ela. Desde o início da vida, estará exposta a sistemas inteligentes que organizam a rotina, filtram informações, propõem o que fazer. Uma IA que sugere a *playlist* ideal para um bebê dormir. Um aplicativo que monitora o choro, interpreta padrões de sono, ajusta sons e luzes. Um assistente que aprende a voz da criança e responde de forma personalizada. Parece futurista, mas já está acontecendo, em alguma medida.

No artigo, escrevemos: "Essas crianças não apenas usarão a tecnologia: viverão em simbiose com ela".

O uso da palavra simbiose não foi por acaso. Em biologia, simbiose é quando dois organismos vivem em associação tão íntima que se influenciam mutuamente, ao ponto de que não se pode entender um sem o outro. E é exatamente isso que se desenha no horizonte: uma geração para a qual a presença de algoritmos será tão constante e natural quanto a luz elétrica foi para os nascidos no século XX. Eles não vão acionar comandos; os comandos estarão embutidos no cotidiano. Eles não vão pedir recomendações; as recomendações virão sozinhas. Eles não vão buscar informação; a informação será entregue, moldada e editada de acordo com suas trajetórias anteriores.

Essa convivência com sistemas que aprendem, ajustam, decidem e sugerem pode parecer, num primeiro olhar, uma ampliação de possibilidades. E, de fato, há ganhos, como a personalização, a eficiência, a agilidade. Mas também existem efeitos colaterais que ainda estamos longe de compreender por inteiro.

Pense, por exemplo, na linguagem. Se os nativos digitais transformaram a comunicação com abreviações, emojis e áudios curtos, os nativos algorítmicos talvez deem um passo inesperado: voltar à linguagem formal, não por escolha, mas porque seus assistentes de escrita vão revisar, corrigir, sugerir sinônimos, melhorar o estilo. No artigo, imaginamos esse cenário: um adolescente escreve "To indo. A gnt se vê dps." e a IA propõe "Estou a caminho. Nos encontraremos mais tarde.".

À primeira vista, isso pode parecer uma evolução. Mas, se cada frase é otimizada, até onde vai a nossa espontaneidade? Se nossas mensagens, nossas decisões e até nossas preferências forem constantemente mediadas por sistemas inteligentes, ainda seremos autores do que dizemos, pensamos e sentimos? O quanto vamos terceirizar de nós mesmos? O quanto do que pensamos será, na verdade, uma sugestão que aceitamos sem perceber? O quanto das nossas escolhas serão realmente escolhas?

A geração que vem aí, a dos nativos algorítmicos, viverá dentro desses dilemas. E talvez nem perceba. Porque, para eles, a mediação algorítmica não será algo a ser adotado. Será o ambiente original. O ponto de partida. Eles não vão "começar a usar" IA; eles vão nascer com ela presente, invisível e constante.

E essa presença, como já vimos em outros capítulos deste livro, não é neutra. Algoritmos não são apenas ferramentas: eles carregam intenções, valores, recortes. São construídos por alguém, em algum lugar, com algum propósito. E mesmo quando parecem apenas estar ali "para ajudar", estão fazendo escolhas. Estão moldando visões de mundo.

Por isso, quando falamos em nativos algorítmicos, não estamos falando apenas de tecnologia. Estamos falando de cultura, de ética, de identidade; de um novo tipo de infância, de socialização, de uma nova forma de desenvolver subjetividades.

Se o conceito de nativo digital nos obrigou a repensar a educação, o conceito de nativo algorítmico nos obriga a repensar o que significa ser humano em um mundo no qual a IA não apenas responde, mas antecipa; não apenas ajuda, mas orienta; não apenas participa, mas coexiste.

É uma mudança estrutural. E o que a torna ainda mais poderosa é o fato de que ela parece muitas das vezes natural e inevitável.

A geração sintética é fruto dos nativos algorítmicos, e é o segundo conceito que exploramos no artigo. Chamamos assim, "sintética", não porque essas pessoas sejam artificiais, mas porque viverão entrelaçadas com aquilo que é produzido artificialmente. A síntese é entre o humano e o não humano. É um tipo novo de convivência, constante e orgânica com a IA.

A diferença é que a IA não só mostrará o mundo para essa geração. Ela transformará a forma como o mundo é interpretado. Mais do que isso: ela mudará, de modo sutil ou direto, a forma como se pensa, como se escolhe, como se sente.

Essa geração será híbrida. Vai reunir elementos da experiência humana, como sensibilidade, intuição e corporeidade, com sistemas artificiais que ajustam, completam, sugerem e corrigem. Redundando: a IA estará nos bastidores de quase todas as decisões importantes. E, o mais impressionante, estará lá desde o começo, antes mesmo que as pessoas saibam que estão decidindo. A vida poderá ser vivida no cruzamento entre o desejo e a predição, entre o impulso e a análise estatística, entre o afeto e o cálculo.

Por isso, o que está em jogo não é apenas o comportamento, mas a própria ideia de identidade. Como se forma um "eu" num ambiente em que todas as preferências são monitoradas, antecipadas, interpretadas por máquinas que aprendem em tempo real? Como se constrói uma visão de mundo em um contexto no qual o conteúdo é filtrado de forma personalizada e silenciosa? A geração sintética vai lidar com tudo isso.

Se o *Homo sapiens* foi definido por sua capacidade de pensar, de criar, de usar ferramentas, o que dizer de um ser humano que pensa com ajuda da máquina, cria com assistência de IA e vive em constante interação com sistemas inteligentes?

É aqui que surge o terceiro conceito do artigo: *Homo aineticus*. Uma fusão entre o biológico e o artificial. Um ser humano que continua sendo humano, mas que se expande, se transforma, se redefine na relação com a IA. O professor Costa e eu propusemos esse neologismo, unindo "AI" (*artificial intelligence*, em inglês) e "neticus", que significa algo como aquele que se move por meio das redes digitais, como uma provocação. É uma tentativa de dar nome a esse novo tipo de existência, híbrida, conectada, dinâmica. Mais do que conceitos acadêmicos, tudo isso é um convite à reflexão de que tipo de humanidade estamos formando ao lado das máquinas e que tipo de máquina estamos formando para conviver conosco.

PARA REFLETIR

Nenhum livro vai dizer com certeza como será viver no tempo dos nativos algorítmicos, da geração sintética, do *Homo aineticus*.

O que sabemos é que a tecnologia não apenas nos cerca, ela nos atravessa. Ela molda nossos menores gestos, nossas escolhas mais íntimas.

Diante disso, a travessia para o futuro, que talvez tenha começado aqui, nestas páginas, é apenas o começo de outra, a que cada um terá que fazer sozinho, com coragem, curiosidade e persistência pelas estradas em constante mutação.

Desejo que, quando chegar lá, você ainda se reconheça no espelho.

Mesmo que, ao lado do seu reflexo, paire a sombra de alguma máquina.

REFERÊNCIAS

ADOLESCÊNCIA. Criação: Stephen Graham e Jack Thorne. [West Yorkshire]: Netflix, 2025. Disponível em: https://www.netflix.com/br/title/81756069. Acesso em: 2 jun. 2025.

AHMED, Aneesa. Elton John calls for UK copyright rules rethink to protect creators from AI. **The Guardian**, 22 fev. 2025. Disponível em: https://www.theguardian.com/technology/2025/feb/22/elton-john-calls-for-uk-copyright-rules-rethink-to-protect-creators-from-ai. Acesso em: 2 jun. 2025.

AIVA. Homepage. **Aiva**, [2025?]. Disponível em: https://www.aiva.ai/. Acesso em: 3 jun. 2025.

ALICE and Sparkle. **Wikipedia**, [2025?]. Disponível em: https://pt.wikipedia.org/wiki/Alice_ and_Sparkle. Acesso em: 3 jun. 2025.

ALTMAN, Sam. Three observations. **Sam Altman**, 9 fev., 2025. Disponível em: https://blog. samaltman.com/three-observations. Acesso em: 2 jun. 2025.

Amper music: AI music generator. **Apple App Store**, 2025. Disponível em: https://apps.apple.com/br/app/ amper-music-ai-song-generator/id6502600539. Acesso em: 3 jun. 2025.

ANADOL, Refik. Unsupervised. **MoMA**, 2022. Disponível em: https://www.moma.org/calendar/exhibitions/5535. Acesso em: 2 jun. 2025.

BLACK Mirror. Criação: Charlie Brooker. [Toronto]: Netflix, 2011. Disponível em: https://www.netflix.com/br/title/70264888. Acesso em: 2 jun. 2025.

BLASCO, Lucía. Como funcionam os microchips implantados sob a pele que substituem cartões e chaves. **BBC News**, 3 dez. 2018. Disponível em: https://www.bbc.com/portuguese/curiosidades-46408032. Acesso em: 2 jun. 2025.

BLOOM, Madison. The Beatles win best rock performance for "Now and then" at 2025 Grammys. **Pitchfork**, 2 fev. 2025. Disponível em: https://pitchfork.com/news/the- beatles-win-best-rock-performance-for-now-and-then-at-2025-grammys/. Acesso em: 2 jun. 2025.

BOOMY. Homepage. **Boomy**, [2023?]. Disponível em: https://boomy.com/. Acesso em: 3 jun. 2025.

BRAIN computer interface market size, share & trends analysis report by product (invasive, non-invasive), by application (healthcare, communication & control, entertainment & gaming), by end-use (medical, education & research), and segment forecasts, 2025 - 2030. **Grand view research**, 24 jun. 2015. Disponível em: https://www.grandviewresearch.com/industry-analysis/brain-computer-interfaces-market. Acesso em: 2 jun. 2025.

BRAIN computer interface market summary. **Market Research Future**, 2025. Disponível em: https://www.marketresearchfuture.com/reports/brain-computer-interface-market-8412. Acesso em: 28 jul. 2025.

BRASIL. Ministério da Ciência, Tecnologia e Inovação. **Plano Brasileiro de Inteligência Artificial (PBIA) 2024-2028**: IA para o bem de todos. Brasília: MCTI, 2024. Disponível em: https://www.gov.br/mcti/pt-br/acompanhe-o-mcti/noticias/2024/07/plano-brasileiro-de-ia-tera-supercomputador-e-investimento-de-r-23-bilhoes-em-quatro-anos/ia_para_o_bem_de_todos.pdf/view. Acesso em: 3 jun. 2025.

BRASIL. Ministério da Ciência, Tecnologia e Inovações. **Estratégia Brasileira de Inteligência Artificial (EBIA)**. Brasília: MCTI, 2021. Disponível em: https://www.gov.br/mcti/pt-br/acompanhe-o-mcti/transformacaodigital/arquivosinteligenciaartificial/ebia-diagramacao_4-979_2021.pdf. Acesso em: 2 jun. 2025.

BRASIL. **Projeto de Lei nº 2.338, de 2023.** Dispõe sobre o uso da Inteligência Artificial. Brasília, DF: Senado Federal, 2023. Disponível em: https://www25.senado.leg.br/web/atividade/materias/-/materia/157233. Acesso em: 4 jun. 2025.

BRILLIANT. Homepage. **Brilliant**, 2025. Disponível em: https://brilliant.org/. Acesso em: 3 jun. 2025.

CAMBRIDGE Analytica. **Wikipedia**, 2019. Disponível em: https://pt.wikipedia.org/wiki/Cambridge_Analytica. Acesso em: 2 jun. 2025.

CARNEIRO, Raquel. Os filmes Emilia Pérez e O Brutalista, indicados ao Oscar 2025, utilizaram inteligência artificial em suas produções. **Veja**, 20 jan. 2025. Disponível em: https://veja.abril.com.br/coluna/em-cartaz/o-uso-polemico-de-inteligencia-artificial-em-filmes-candidatos-ao-oscar. Acesso em: 2 jun. 2025.

CARVALHO, Mario Cesar. Ganhador do Nobel tem visão catastrofista da inteligência artificial. **Poder 360**, 9 out. 2024. Disponível em: https://www.poder360.com.br/futuro-indicativo/ganhador-do-nobel-tem-visao-catastrofista-da-inteligencia-artificial/. Acesso em: 2 jun. 2025.

CHARLEAUX, Lupa. GenCast: Google apresenta nova IA de previsões meteorológicas. **Tecnoblog**, 4 dez. 2024. Disponível em: https://tecnoblog.net/noticias/gencast-google-apresenta-nova-ia-de-previsoes-meteorologicas/. Acesso em: 3 jun. 2025.

CHAT GPT. Homepage. **ChatGPT**, 2025. Disponível em: https://chatgpt.com/. Acesso em: 28 jul. 2025.

CHINESE regulators issue requirements for the labeling of AI-generated content. **Reuters**, 14 mar. 2025. Disponível em: https://www.reuters.com/world/asia-pacific/chinese-regulators-issue-requirements-labeling-ai-generated-content-2025-03-14. Acesso em: 28 jul. 2025.

CLAUDE. Homepage. **Claude**, 2025. Disponível em: https://claude.ai. Acesso em: 2 jun. 2025.

CLIMATE AI. Homepage. **Climate AI**, 2025. Disponível em: https://www.climate.ai. Acesso em: 28 jul. 2025.

COMPUTING machinery and intelligence. **Oxford Academic**, 9 jan. 2025. Disponível em: https://academic.oup.com/mind/article/LIX/236/433/986238. Acesso em: 28 jul. 2025.

COSTA, Caio Túlio; JORGE, Stephanie. Nova geração de nativos algorítmicos viverá em simbiose com IA. **Folha de S. Paulo**, 7 nov. 2024. Disponível em: https://www1.folha.uol.com.br/ilustrissima/2024/11/nova-geracao-de-nativos-algoritmicos-vivera-em-simbiose-com-ia.shtml. Acesso em: 3 jun. 2025.

CRIANÇAS terão aulas de IA em escolas da China, que busca avançar em disputa global. **Exame**, 10 mar. 2025. Disponível em: https://exame.com/mundo/ criancas-terao-aulas-de-ia-em-escolas-da-china-que-busca-avancar-em-disputa- global/. Acesso em: 3 jun. 2025.

DATA centres centered electricity consumption 2023. **Central Statistics Office (CSO)**, 23 jul. 2024. Disponível em: https://www.cso.ie/en/releasesandpublications/ep/p- dcmec/datacentresmeteredelectricityconsumption2023/keyfindings/. Acesso em: 3 jun. 2025.

DATALAND. Homepage. **Dataland**, 2025. Disponível em: https://dataland.art/. Acesso em: 2 jun. 2025.

DAVIS, Kelly. Alpha School uses AI to teach students academics for just two hours a day. **Alpha School News**, 27 fev. 2025. Disponível em: https://alpha.school/news/alpha-school-uses-ai-to-teach-students-academics-for-just-two-hours-a-day-2/. Acesso em: 3 jun. 2025.

DEEPSEEK AI. Homepage. **DeepSeek**, 2025. Disponível em: https://www.deepseek.com. Acesso em: 2 jun. 2025.

DESCRIPT. Homepage. **Descript**, 2025. Disponível em: https://www.descript.com. Acesso em: 2 jun. 2025.

O DILEMA das Redes. Direção: Jeff Orlowski-Yang. [*S. l.*]: Exposure Labs, Argent Pictures e The Space Program, 2020. Netflix (94 min).

DI LORENZO, Alessandro. Prêmio Jabuti proíbe participação de obras criadas por inteligência artificial. **Olhar Digital**, 25 abr. 2024. Disponível em: https://olhardigital.com.br/2024/04/25/pro/premio-jabuti-proibe-participacao-de-obras-criadas-por-inteligencia-artificial/. Acesso em: 3 jun. 2025.

DUBOUST, Oceane. 200,000 French students to benefit from the rollout of MIA, an AI-powered revision app. **Euronews**, 1 fev. 2024. Disponível em: https://www.euronews.com/next/2024/02/01/200000-french-students-to-benefit-from-the-rollout-of-mia-an-ai-powered-revision-app. Acesso em: 3 jun. 2025.

ELA. Direção: Spike Jonze. [Xangai]: Warner Bros., 2013. 1 DVD (126 min).

ELEVENLABS. Homepage. **ElevenLabs**, 2022. Disponível em: https://elevenlabs.io/. Acesso em: 2 jun. 2025.

ELYSIUM. Direção: Neill Blomkamp. [Cidade do México]: Sony Pictures, 2013. 1 DVD (109 min).

ENERGY demand from AI. **International Energy Agency (IEA)**, 2024. Disponível em: https://www.iea.org/reports/energy-and-ai/energy-demand-from-ai. Acesso em: 3 jun. 2025.

ESTADOS UNIDOS. Executive Order 14179, january 23, 2025: Removing Barriers to American Leadership in Artificial Intelligence. **Presidential Actions**, Washington, DC: 2025.

Disponível em: https://www.whitehouse.gov/presidential-actions/2025/01/removing-barriers-to-american-leadership-in-artificial-intelligence/. Acesso em: 4 jun. 2025.

ESTONIA'S groundbreaking national initiative: AI Leap programme to bring AI tools to all schools. **E-Estonia**, 26 fev. 2025. Disponível em: https://e-estonia.com/estonia-announces-a-groundbreaking-national-initiative-ai-leap-programme-to-bring-ai-tools-to-all-schools/. Acesso em: 3 jun. 2025.

EU, ROBÔ. Direção: Alex Proyas. [Vancouver]: Twentieth Century Fox, 2004. 1 DVD (115 min).

EUROPEAN COMISSION. **White paper on Artificial Intelligence**: a european approach to excellence and trust. Brussels: European Commission, 2020. Disponível em: https:// ec.europa.eu/info/sites/default/files/commission-white-paper-artificial-intelligence- feb2020_en.pdf. Acesso em: 2 jun. 2025.

FASSI, L. *et al.* Social media use in adolescents with and without mental health conditions. **Nature Human Behaviour**, 5 maio 2025. Disponível em: https://doi.org/10.1038/s41562-025-02134-4. Acesso em: 3 jun. 2025.

FEI-FEI, Li. **The worlds I see**: curiosity, exploration and discovery at the dawn of AI (English edition). New York: Flatiron Books, 2023.

FEI-FEI, Li. With spatial intelligence, AI will understand the real world. **TED**, 2024. Disponível em: https://www.ted.com/talks/fei_fei_ li_with_spatial_intelligence_ai_will_understand_the_real_world?subtitle=en&lng=pt- br&geo=pt-br. Acesso em: 2 jun. 2025.

FELLET, João; LIMA, Felix. Quando a ambulância chegou, já estávamos velando meu marido': a vida no município com pior IDH do Brasil. **BBC News Brasil**, 14 out. 2024. Disponível em: https://www.bbc.com/portuguese/articles/c0m08e9ymejo. Acesso em: 9 jun. 2025.

FERREIRA, Tamires. IA é mais preocupante que mudança climática, diz Geoffrey Hinton. **Olhar Digital**, 6 maio 2023. Disponível em: https://olhardigital.com.br/2023/05/06/internet-e-redes-sociais/ia-e-mais-preocupante-que-mudanca-climatica-diz-geoffrey-hinton/. Acesso em: 2 jun. 2025.

FLORIDI, Luciano. **A ética da inteligência artificial**: princípios, desafios e oportunidades. Curitiba: PUC Press, 2024.

FRANCO, Beatriz. Um pequeno chute para o homem, mas um golaço para a humanidade: o exoesqueleto de Miguel Nicolelis. **Exame**, 16 jun. 2024. Disponível em: https://exame.com/esg/um-pequeno-chute-para-o-homem-mas-um-golaco-para-a-humanidade-o-exoesqueleto-de-miguel-nicolelis. Acesso em: 2 jun. 2025.

O FUTURO de Bill Gates. Produção: Eve Marson e Caitrin Rogers. [*S. l.*]: Netflix, 2024. Disponível em: https://www.netflix.com/br/title/81609333. Acesso em: 2 jun. 2025.

G1. Empresa continua a pagar para escanear íris em SP; parte do olho é ferramenta mais precisa que impressão digital. **G1**, 28 jan. 2025. Disponível em: https://g1.globo.com/

jornal-nacional/noticia/2025/01/28/empresa-continua-a-pagar-para-escanear-iris-em-sp-parte-do-olho-e-ferramenta-mais-precisa-que-impressao-digital.ghtml . Acesso em: 29 jul. 2025.

GAME Over: Kasparov and the Machine. Direção: Vikram Jayanti. [Blend]: Alliance Atlantis Communications e National Film Board of Canada (NFB), 2003. 1 DVD (90 min).

GEOFFREY HINTON tem um palpite sobre o futuro da Inteligência Artificial. **MIT Technology Review**, 26 ago. 2021. Disponível em: https://mittechreview.com.br/geoffrey-hinton-tem-um-palpite-sobre-o-futuro-da-inteligencia-artificial/. Acesso em: 2 jun. 2025.

GEOFFREY Hinton. **Wikipedia**, 2019. Disponível em: https://pt.wikipedia.org/wiki/Geoffrey_Hinton. Acesso em: 2 jun. 2025.

GLOBAL ECONOMIC study shows human creators' future at risk from generative AI. **Confederação Internacional das Sociedades de Autores e Compositores (CISAC)**, 2024. Disponível em: https://www.cisac.org/Newsroom/news-releases/global- economic-study-shows-human-creators-future-risk-generative-ai. Acesso em: 2 jun. 2025.

GLOBAL Vibrancy Tool 2024. **HAI Stanford University**, 10 dez. 2019. Disponível em: https://hai.stanford.edu/ai-index. Acesso em: 2 jun. 2025.

GODFATHER of AI Geoffrey Hinton: The 60 Minutes Interview. [*S.l.*; *s. n.*], 2023. 1 vídeo (13 min). Publicado pelo canal 60 Minutes. Disponível em: https://www.youtube.com/watch?v=qrvK_KuleJk. Acesso em: 2 jun. 2025.

GOOGLE AI STUDIO. Gemini. **Google AI Studio**, 21 mar. 2023. Disponível em: https://aistudio.google.com/ prompts/new_chat?utm_source=chatgpt.com. Acesso em: 2 jun. 2025.

GOOGLE apologises for photos app's racist blunder. **BBC News**, 1 jul. 2015. Disponível em: https://www.bbc.com/news/technology-33347866. Acesso em: 2 jun. 2025.

GOOGLE DEEP MIND. Homepage. **Google Deep Mind**, 2025. Disponível em: https://deepmind.google. Acesso em: 2 jun. 2025.

GOOGLE LENS. **Socratic by Google**, 21 jul. 2001. Disponível em: https://socratic.org/.

google-racism-ban-gorilla-black-people. Acesso em: 2 jun. 2025.

GREVE DE roteiristas e atores de Hollywood expõe perigos do uso da inteligência artificial. **Uol**, 18 jul. 2023. Disponível em: https://noticias.uol.com.br/ultimas-noticias/rfi/2023/07/18/greve-de-roteiristas-e-atores-de-hollywood-expoe-perigos-do-uso-da-inteligencia-artificial.htm. Acesso em: 3 jun. 2025.

GUERRA, Paulo. Como celulares velhos estão combatendo o desmatamento na Amazônia? **Estado de Minas**, 28 mar. 2025. Disponível em: https://www.em.com.br/colunistas/caminho-digital/2025/03/7093801-como-celulares-velhos-estao-combatendo-o-desmatamento-na-amazonia.html. Acesso em: 3 jun. 2025.

HAFNER, Katherine. Data centers keep growing in Virginia — and so does energy demand. **VPM News**, 14 nov. 2024. Disponível em: https://www.vpm.org/news/2024-11-14/

meta- google-amazon-dominion-energy-data-centers-virginia-power-demand. Acesso em: 3 jun. 2025.

HENRY, Parker. Como o Duolingo usa IA para criar lições mais rápido. **Blog Duolingo**, 16 ago. 2023. Disponível em: https://blog.duolingo.com/pt/licoes-duolingo-large. Acesso em: 3 jun. 2025.

HERN, Alex. Google's solution to accidental algorithmic racism: ban gorillas. **The Guardian**, 12 jan. 2018. Disponível em: https://www.theguardian.com/technology/2018/jan/12/. Acesso em: 2 jun. 2025.

HOUSER, Kristin. Bruce Willis sells his likeness for a deepfake ad. **Freethink**, 2 out. 2022. Disponível em: https://www.freethink.com/hard-tech/deepfake-bruce-willis. Acesso em: 3 jun. 2025.

HOW DOES Grammarly work? **Grammarly**, 22 maio 2020. Disponível em: https://www.grammarly.com/blog/product/how-does-grammarly-work/. Acesso em: 9 jun. 2020.

HUXLEY, Julian. **New bottles for new wine**. London: Chatto & Windus, 1957.

HWANG, Angel Hsing-Chi *et al*. "It was 80% me, 20% AI": Seeking authenticity in co-writing with large language models. **Proceedings of the ACM on Human-Computer Interaction**, v. 9, n. 2, 2 maio 2025. Disponível em: https://arxiv.org/pdf/2411.13032. Acesso em: 2 jun. 2025.

IBM. IBM Watson. **IBM**, [2025?]. Disponível em: https://www.ibm.com/watson. Acesso em: 9 jun. 2025.

INTELIGÊNCIA artificial na agricultura: principais atribuições. **Solinftec**, 5 jun. 2023. Disponível em: https://www.solinftec.com/pt-br/blog/inteligencia-artificial-agricultura/. Acesso em: 3 jun. 2025.

INTRODUCING BloombergGPT, Bloomberg's 50-billion parameter large language model, purpose-built from scratch for finance. **Bloomberg**, 30 mar. 2023. Disponível em: https://www.bloomberg.com/company/press/bloomberggpt. Acesso em: 2 jun. 2025.

JASPER. Homepage. **Jasper**, 2025. Disponível em: https://www.jasper.ai/. Acesso em: 3 jun. 2025.

KANT, Immanuel. **Fundamentação da metafísica dos costumes**. Lisboa: Edições 70, 2009.

KENSHO extract. **Kensho S&P Global**, [2025?]. Disponível em: https://www.marketplace.spglobal.com/en/solutions/kensho-extract-(8fc3daba-d0c2-42e6-b19b-01818e0461bc). Acesso em: 2 jun. 2025.

KHAN ACADEMY. Khanmigo AI. **Khan Academy**, 17 fev. 2024. Disponível em: https://www.khanmigo.ai/. Acesso em: 3 jun. 2025.

LARA, M.; GONZÁLEZ, D. El Instituto de Talavera que trabaja con Inteligencia Artificial para detectar si los alumnos atienden o no. **Cadena SER**, 18 dez, 2024. Disponível em: https://cadenaser.com/castillalamancha/2024/12/18/el-instituto-de-talavera-que-trabaja-con-inteligencia-artificial-para-detectar-si-los-alumnos-atienden-o-no-ser-talavera/. Acesso em: 3 jun. 2025.

LIMA, Edson Kaique. Exército dos EUA testa exoesqueleto para seus soldados. **Olhar Digital**, 21 abr. 2021. Disponível em: https://olhardigital.com.br/2021/04/21/ciencia-e-espaco/exercito-dos-eua-testa-exoesqueleto/. Acesso em: 2 jun. 2025.

LUMINATE. DemocracIA: percepções públicas sobre Inteligência Artificial e democracia em Argentina, Brasil, Colômbia e México. **Luminate**, 10 dez. 2024. Disponível em: https://www.luminategroup.com/storage/2141/report-ipsos-democracia-pt.pdf. Acesso em: 2 jun. 2025.

LUO, Rengian *et al*. BioGPT: generative pre-trained transformer for biomedical text generation and mining. **Briefings in Bioinformatics**, vol. 23, n. 6, nov. 2022. Disponível em: https://academic.oup.com/bib/article/23/6/bbac409/6713511?guestAccessKey=a66d9b5d-4f83-4017-bb52-405815c907b9&login=false. Acesso em: 9 jun. 2025

MARCUS, Gary. Marcus on AI. **Substack**, 2025. Disponível em: https://garymarcus.substack.com/. Acesso em: 2 jun. 2025.

MARIANI, Daniel *et al*. Registros de ansiedade entre crianças e jovens superam os de adultos pela 1ª vez no Brasil. **Folha de S. Paulo**, 31 maio 2024. Disponível em: https:// www1.folha.uol.com.br/folhateen/2024/05/registros-de-ansiedade-entre-criancas- e-jovens-superam-os-de-adultos-pela-1a-vez.shtml. Acesso em: 3 jun. 2025.

MASSIVE data leak reveals Israeli NSO Group spyware used to target activists, journalists, and political leaders globally. **Amnesty International**, 19 jul. 2021. Disponível em: https://www.amnesty.org/en/latest/press-release/2021/07/the-pegasus-project. Acesso em: 2 jun. 2025.

MATH FROM all angles: Photomath for different learning styles. **Photomat**, [2025?]. Disponível em: https://photomath.com/articles/math-from-all-angles-photomath-for-different-learning-styles/. Acesso em: 11 jun. 2025.

MATRIX. Direção: Lana Wachowski e Lilly Wachowski. [Nashiville]: Warner Bros., 1999. 1 DVD (136 min).

MELO, João Ozorio de. Automação de julgamentos chega aos tribunais nos EUA e na Estônia. **Consultor Jurídico**, 24 jan. 2023. Disponível em: https://www.conjur.com.br/2023-jan-24/automacao-julgamentos-chega-aos-tribunais-eua-estonia/. Acesso em: 5 jun. 2025.

META. Llama 4: Leading intelligence. Unrivaled speed and efficiency. **Meta**, [2025?]. Disponível em: https://ai.meta.com/llama. Acesso em: 2 jun 2025.

MICROSOFT COPILOT. Homepage. **Microsoft Copilot**, 5 abr. 2023. Disponível em: https://copilot.microsoft.com. Acesso em: 2 jun. 2025.

MIDJOURNEY. Homepage. **Midjourney**, 2025. Disponível em: https://www.midjourney.com/. Acesso em: 2 jun. 2025.

MILANEZI, Gabriela. Empresa paga cerca de R$ 500 por escaneamento de íris; entenda como é feito. **CNN Brasil**, 29 jan. 2025. Disponível em: https://www.cnnbrasil.com.

br/nacional/sudeste/sp/empresa-paga-cerca-de-r-500-por-escaneamento-de-iris-entenda-como-e-feito/. Acesso em: 29 jul. 2015.

MOIÓLI, Julia. Chip bioeletrônico detecta vitaminas C e D na saliva em menos de 20 minutos. **Jornal da USP**, 15 abr. 2024. Disponível em: https://jornal.usp.br/ciencias/chip-bioeletronico-detecta-vitaminas-c-e-d-na-saliva-em-menos-de-20-minutos/. Acesso em: 2 jun. 2025.

MOZUR, Paul. Manifestantes e policiais escondem identidades nos protestos em Hong Kong. **O Globo**, 30 jul. 2019. Disponível em: https://oglobo.globo.com/ mundo/manifestantes-policiais-escondem-identidades-nos-protestos-em-hong-kong-23834890. Acesso em: 2 jun. 2025.

NEURALINK. Pioneering brain computer interfaces. **Neuralink**, [2025?]. Disponível em: https://neuralink.com. Acesso em: 2 jun. 2025.

OBERMEYER, Ziad; POWERS, Brian; VOGELI, Christine; MULLAINATHAN, Sendhil. Dissecting racial bias in an algorithm used to manage the health of populations. **Science**, v. 366, n. 6464, p. 447–453, 25 out. 2019. Disponível em: https://www.science.org/doi/10.1126/science.aax2342. Acesso em: 2 jun. 2025.

OBVIOUS ART. Portrait of Edmond de Belamy. **Christies**, 14 jun. 2021. Disponível em: https://www.christies.com/lot/lot-edmond-de-belamy-from-la-famille-de-6166184. Acesso em: 2 jun. 2025.

OLIVEIRA, Mariela. Economia de dados: conceitos e desafios para a medição. **Panorama setorial da internet**, ano 15, n. 3, set. 2023. Disponível em: https://cetic.br/media/docs/publicacoes/6/20231023165049/psi-ano-xv-n-3-economia-dados-medicao.pdf. Acesso em: 2 jun. 2025.

OPEN AI. DALLE-3. **OpenAI**, 2025a. Disponível em: https://openai.com/index/dall-e-3/. Acesso em: 2 jun. 2025.

OPEN AI. Sora. **OpenAI**, 2025b. Disponível em: https://openai.com/sora/. Acesso em: 2 jun. 2025.

OPEN AI. Whisper. **OpenAI**, 2025c. Disponível em: https://openai.com/index/whisper/. Acesso em: 2 jun. 2025.

ORÁCULO de Delfos. **Wikipedia**, 2019. Disponível em: https://pt.wikipedia.org/wiki/Conhece_a_ti_mesmo. Acesso em: 2 jun. 2025.

ORGANIZAÇÃO PARA A COOPERAÇÃO E DESENVOLVIMENTO ECONÔMICO (OCDE). PISA 2022 results (Volume III): well-being and belonging. **OECD**, 2023. Paris: OECD Publishing, 2023. Disponível em: https://www.oecd.org/en/publications/pisa-2022-results-volume- iii_765ee8c2-en.html. Acesso em: 3 jun. 2025.

PACHAMA. Homepage. **Pachama**, 2003. Disponível em: https://pachama.com/. Acesso em: 2 jun. 2025.

ORGANIZAÇÃO DAS NAÇÕES UNIDAS PARA A EDUCAÇÃO, A CIÊNCIA E A CULTURA. (UNESCO). **Recomendação sobre a ética da Inteligência Artificial**. Paris: Unesco,

2022. Disponível em: https://unesdoc.unesco.org/ark:/48223/pf0000381137_por. Acesso em: 2 jun. 2025.

PATH AI. Homepage. **PathAi**, 2022. Disponível em: https://www.pathai.com. Acesso em: 2 jun. 2025.

PERPLEXITY AI. Homepage. **Perplexity**, 18 dez. 2021. Disponível em: https://www.perplexity.ai. Acesso em: 2 jun. 2025.

PIAUÍ. Unesco reconhece Piauí como primeiro território nas Américas a implementar o ensino de inteligência artificial na educação básica. **Piauí**, 4 set. 2024. Disponível em: https://www.pi.gov.br/unesco-reconhece-piaui-como-primeiro-territorio-nas-americas-a-implementar-o- ensino-de-inteligencia-artificial-na-educacao-basica. Acesso em: 3 jun. 2025.

PICTORY AI. Homepage. **Pictory**, 2024. Disponível em: https://pictory.ai/?el=2000b&htrafficsource=pictoryblog. Acesso em: 2 jun. 2025.

POE AI. Homepage. **Poe AI**, 2025. Disponível em: https://poe.com. Acesso em: 2 jun 2025.

PROGRAMA DAS NAÇÕES UNIDAS PARA O DESENVOLVIMENTO (PNUD). **Atlas do Desenvolvimento Humano no Brasil 2013**. Brasília: PNUD, 2013. Disponível em: https://www. undp.org/pt/brazil/idhm-municipios-2010. Acesso em: 29 jul. 2025.

QUIZLET. Homepage. **Quizlet**, 2025. Disponível em: https://quizlet.com/br. Acesso em: 9 jun. 2025.

RADCLIFFE, Damian. **Journalism in the AI era**: opportunities and challenges in the global south and emerging economies. Londres: Thomson Reuters Foundation, 2025. Disponível em: https://www.trust.org/wp-content/uploads/2025/01/TRF-Insights-Journalism-in-the-AI-Era.pdf. Acesso em: 30 jul. 2025.

RELATÓRIO do índice de desperdício de alimentos 2024. **ONU Programa para o Meio Ambiente**, 27 mar. 2024. Disponível em: https://www.unep.org/pt-br/resources/publicacoes/relatorio-do-indice-de-desperdicio-de-alimentos-2024. Acesso em: 3 jun. 2025.

RELATÓRIO sobre o futuro dos empregos 2025. **Fórum Econômico Mundial**, 8 jan. 2025. Disponível em: https://reports.weforum.org/docs/WEF_Future_of_Jobs_2025_Press_Release_PTBR.pdf. Acesso em: 2 jun. 2025.

REPLIKA. Homepage. **Replika**, 2025. Disponível em: https://replika.com/. Acesso em: 9 jun. 2025.

REUTERS. Amazon desiste de ferramenta secreta de recrutamento que mostrou viés contra mulheres. **Época Negócios**, 10 out. 2018. Disponível em: https://epocanegocios.globo.com/Empresa/noticia/2018/10/amazon-desiste-de-ferramenta- secreta-de-recrutamento-que-mostrou-vies-contra-mulheres.html. Acesso em: 2 jun. 2025.

RIENTE, Letícia. Novo sistema de notas causa revolta em estudantes do Reino Unido. **Olhar Digital**, 26 ago. 2020. Disponível em: https://olhardigital.com.br/2020/08/26/

noticias/novo-sistema-de-notas-causa-revolta-em-estudantes-do-reino-unido/. Acesso em: 2 jun. 2025.

RUNWAY ML. Homepage. **Runway**, 2025. Disponível em: https://runwayml.com/. Acesso em: 2 jun. 2025.

RUPTURA. Criação: Dan Erickson. [New Jersey]: Apple TV+, 2022. Disponível em: https://tv.apple.com/br/show/ruptura/umc.cmc.1srk2goyh2q2zdxcx605w8vtx. Acesso em: 2 jun. 2025.

RUSSELL, Stuart. Inteligência artificial a nosso favor. **Internet Archive**, 2021. Disponível em: https://archive.org/details/inteligencia-artificial-a-nosso-favor-stuart-russell. Acesso em: 2 jun. 2025.

SCOTT, Katie. OpenAI asks Trump for relief from state AI regulations. **Tech.co**, 13 mar. 2025. Disponível em: https://tech.co/news/openai-trump-favor-state-ai-regulations. Acesso em: 2 jun. 2025.

SHAPING the future of learning: the role of AI in education 4.0. **World Economic Forum**, 2024. Disponível em: https://www.weforum.org/publications/shaping-the-future-of- learning-the-role-of-ai-in-education-4-0/. Acesso em: 3 jun. 2025.

SKALO. Homepage. **Skalo.co**, 24 dez. 2021. Disponível em: https://www.skalo.co/. Acesso em: 3 jun. 2025.

SOARES, Ricardo. O Prêmio Nobel 2024 destaca a inteligência artificial como o novo fogo de Prometeu. **Jornal da USP**, 31 out. 2024. Disponível em: https://jornal.usp.br/artigos/o-premio-nobel-2024-destaca-a-inteligencia-artificial-como-o-novo-fogo-de-prometeu/. Acesso em: 2 jun. 2025.

SOURCE LATAM. Microsoft e LinkedIn divulgam o Índice de Tendências de Trabalho 2024 sobre o uso da IA no Brasil e no mundo. **Source Latam Brasil**, 8 maio 2024. Disponível em: https://news.microsoft.com/source/latam/features/noticias-da-microsoft/microsoft-e-linkedin-divulgam-o-indice-de-tendencias-de-trabalho-2024-sobre-o- uso-da-ia-no-brasil-e-no-mundo/?lang=pt-br. Acesso em: 3 jun. 2025.

STRICKLAND, Eliza. How and why Gary Marcus became AI's leading critic: Marcus says generative AI like ChatGPT poses immediate dangers. **IEEE Spectrum**, 17 set. 2024. Disponível em: https://spectrum.ieee.org/gary-marcus. Acesso em: 2 jun. 2025.

SUNO. **Suno**, 30 jan. 2025. Disponível em: https://suno.com/. Acesso em: 3 jun. 2025.

THE FROST. [*S.l.; s. n.*], 2024. 1 vídeo (23 min). Publicado pelo canal Waymark. Disponível em: https://www.youtube.com/watch?v=DNyxZi9Gp_4. Acesso em: 2 jun. 2025.

TJSC MULTA autor de recurso por jurisprudência falsa gerada por IA. **WH3**, 20 fev. 2025. Disponível em: https://wh3.com.br/noticia/262998/tjsc-multa-advogado-por-citar-jurisprudencia-falsa-criada-pelo-chatgpt-.html. Acesso em: 5 jun. 2025.

TOP MENTAL health and prayer apps fail spectacularly at privacy, security. **Mozilla Foundation**, 2 maio 2022. Disponível em: https://foundation.mozilla.org/en/

research/library/top-mental-health-and-prayer-apps-fail-spectacularly-at-privacy-security. Acesso em: 3 jun. 2025.

TURBIANI, Renata. China torna ensino de IA obrigatório nas escolas de Pequim e mira liderança global do setor. **Época Negócios**, 10 mar. 2025. Disponível em: https://epocanegocios.globo.com/inteligencia-artificial/noticia/2025/03/china-torna-ensino-de-ia-obrigatorio-nas-escolas-de-pequim-e-mira-lideranca-global-do-setor.ghtml. Acesso em: 3 jun. 2025.

UDACITY. Homepage. **Udacity**, 2025. Disponível em: https://www.udacity.com/nanodegree. Acesso em: 3 jun. 2025.

UK'S FIRST AI-powered classrooms set to transform secondary education launched by David Game College. **The Educator**, 14 ago. 2024. Disponível em: https://the-educator.org/uks-first-ai-powered-classrooms-set-to-transform-secondary-education-launched-by-david-game-college/. Acesso em: 3 jun. 2025.

UM TERÇO da população mundial permanece sem acesso à Internet. **Abranet**, 12 set. 2023. Disponível em: https://www.abranet.org.br/publicacoes/ noticias/4675. Acesso em: 3 jun. 2025.

UNIÃO EUROPEIA (UE). **Regulamento (UE) 2016/679 do Parlamento Europeu e do Conselho. de 27 de abril de 2016. relativo à proteção das pessoas singulares no que diz respeito ao tratamento de dados pessoais e à livre circulação desses dados e que revoga a Diretiva 95/46/CE (Regulamento Geral sobre a Proteção de Dados)**. Estrasburgo, França: Parlamento Europeu, 2016. Disponível em: https://eur-lex.europa.eu/legal-content/PT/ TXT/PDF/?uri=CELEX%3A32016R0679&utm. Acesso em: 4 jun. 2025.

UNIÃO EUROPEIA (UE). **Regulamento (UE) 2022/1925 do Parlamento Europeu e do Conselho, de 14 de setembro de 2022, relativo à disputabilidade e equidade dos mercados no setor digital e que altera as Diretivas (UE) 2019/1937 e (UE) 2020/1828 (Regulamento dos Mercados Digitais) (Texto relevante para efeitos do EEE)**. Estrasburgo, França: Parlamento Europeu, 2022. Disponível em: https:// eur-lex.europa.eu/legal-content/PT/TXT/?uri=CELEX%3A32022R1925. Acesso em: 4 jun. 2025.

UNIÃO EUROPEIA (UE). **Regulamento (UE) 2022/2065 do Parlamento Europeu e do Conselho, de 19 de outubro de 2022, relativo a um mercado único para os serviços digitais e que altera a Diretiva 2000/31/CE (Regulamento dos Serviços Digitais) (Texto relevante para efeitos do EEE)**. Estrasburgo, França: Parlamento Europeu, 2022. Disponível em: https://eur-lex.europa.eu/legal-content/PT/TXT/?uri=CELEX%3A32022R2065. Acesso em: 4 jun. 2025.

UNIÃO EUROPEIA (UE). **Regulamento (UE) 2023/2854 do Parlamento Europeu e do Conselho, de 13 de dezembro de 2023, relativo a regras harmonizadas sobre o acesso equitativo aos dados e a sua utilização e que altera o Regulamento (UE)**

2017/2394 e a Diretiva (UE) 2020/1828 (Regulamento dos Dados) (Texto relevante para efeitos do EEE). Estrasburgo, França: Parlamento Europeu, 2023. Disponível em: https://eur-lex.europa.eu/legal-content/PT/ TXT/?uri=CELEX%3A32023R2854. Acesso em: 4 jun. 2025.

UNIÃO EUROPEIA (UE). **Regulamento (UE) 2024/1689 do Parlamento Europeu e do Conselho, de 13 de junho de 2024, que cria regras harmonizadas em matéria de inteligência artificial e que altera os Regulamentos (CE) n.° 300/2008, (UE) n.° 167/2013, (UE) n.° 168/2013, (UE) 2018/858, (UE) 2018/1139 e (UE) 2019/2144 e as Diretivas 2014/90/UE, (UE) 2016/797 e (UE) 2020/1828. Estrasburgo, França: Parlamento Europeu, 2024.** Disponível em: https://eur-lex.europa.eu/legal-content/PT/TXT/?uri=CELEX%3A32024R1689. Acesso em: 4 jun. 2025.

UNIÃO EUROPEIA (UE). **Regulamento (UE) 2024/2847 do Parlamento Europeu e do Conselho, de 23 de outubro de 2024, relativo aos requisitos horizontais de cibersegurança dos produtos com elementos digitais e que altera os Regulamentos (UE) n° 168/2013 e (UE) 2019/1020 e a Diretiva (UE) 2020/1828 (Regulamento de Ciber-Resiliência) (Texto relevante para efeitos do EEE)**. Estrasburgo, França: Parlamento Europeu, 2024. Disponível em: https://eur-lex.europa.eu/legal-content/PT/TXT/?uri=CELEX%3A32024R2847. Acesso em: 4 jun. 2025.

UNITED KINGDOM. Online Safety Act 2023. **Legislation.gov.uk**, 2023. Disponível em: https://www. legislation.gov.uk/ukpga/2023/50. Acesso em: 4 jun. 2025.

VERMA, Pranshu; TAN, Shelly. A bottle of water per email: the hidden environmental costs of using AI chatbots. **The Washington Post**, 18 set. 2024. Disponível em: https://www.washingtonpost.com/technology/2024/09/18/energy-ai-use-electricity-water-data-centers/. Acesso em: 3 jun. 2025.

WEBSTER, Graham *et al*. China's 'New Generation Artificial Intelligence Development Plan' (2017). **Stanford University**, 1 ago. 2017. Disponível em: https://digichina.stanford.edu/work/full-translation-chinas-new-generation-artificial-intelligence-development-plan-2017/. Acesso em: 2 jun. 2025.

WETSMAN, Nicole. Mental health apps have terrible privacy protections, report finds. **The Verge**, 2 maio 2022. Disponível em: https://www.theverge.com/2022/5/2/23045250/ mozilla-mental-health-app-privacy-analysis. Acesso em: 3 jun. 2025.

WOEBOT HEALTH. Homepage. **Woebot Health**, 2025. Disponível em: https://woebothealth. com/. Acesso em: 9 jun. 2025.

WORLDOMETER. Homepage. **Worldometer**, [2025?] Disponível em: https://www.worldometers.info./. Acesso em: 2 jun. 2025.

WYSA. Homepage. **Wysa**, 2024. Disponível em: https://www.wysa.com/. Acesso em: 9 jun. 2025.

YANG, Maya. Utah lawyer sanctioned after citing fake ChatGPT cases in court brief. **The Guardian**, 31 maio 2025. Disponível em: https://www.theguardian.com/us-news/2025/may/31/utah-lawyer-chatgpt-ai-court-brief. Acesso em: 5 jun. 2025.

ZHANG, Laney. Measures of security assessment for cross-border data transfer take effect. **Library of Congress (Washington)**, 13 dez. 2022. Disponível em: https://www.loc.gov/item/global-legal-monitor/2022-12-12/china-measures-of-security-assessment-for-cross-border-data-transfer-take-effect/. Acesso em: 2 jun. 2025.

ZHANG, Laney. Provisions on deep synthesis technology enter into effect. Global legal monitor. **Library of Congress (Washington)**, 26 abr. 2023. Disponível em: https://www.loc.gov/item/global-legal-monitor/2023-04-25/china-provisions-on-deep-synthesis-technology-enter-into-effect/. Acesso em: 2 jun. 2025.